明清史学术文库

清代史实六考

孟森 著

故宫出版社
The Forbidden City Publishing House

孟森（1867.5.10～1938.1.14）明清史学大师。字莼孙，笔名心史，号阳湖孑遗。江苏武进人。早年毕业于江阴南菁书院，后留学于日本东京法政大学。曾参与清末立宪运动，后逐渐脱离政治活动，致力于治史。1930年后，先后受聘于南京中央大学和北京大学，从事满洲开国史的研究，并讲授明、清断代史。

一生著述甚丰，主要有政法类、历史类。著有《明史讲义》、《清史讲义》、《明清史讲义》、《满洲开国史讲义》、《清初三大疑案考实》、《心史丛刊》、《霜猨集校订补注》、《明元清系通纪》等，还先后发表清史及其他断代史论文近百篇。

清之于史，自代明以来，未尝一日不践有史之系统。中国史之系统，乃国家将行一事，其动机已入史，决不待事成之后乃由史家描写之。描写已成之事，任何公正之人必有主观，若在发动之初，由需要而动议，由动议而取决，由取决而施行，历史上有此一事，其甫动至确定，一一留其蜕化之痕迹，则虽欲不公正而不能遇事捏造，除故意作伪之别有关系者外，国事之现象，如摄影之留真，妍媸不能自掩也。有史之组织，清代明时未尝间断，故有史之系统未尝差池。

——孟森：《清史在史学上之位置》

总序一

2012年是清帝退位一百周年，明清史研究也走过了百余年的风雨里程。出于总结和促进发展的目的，故宫出版社将百年来明清史专题研究的重要的甚至经典性著作，遴选四十余部再版发行，以期对当前的明清史研究有所裨益，这是令人高兴和值得肯定之举。

长达五百余年的明清两代，是中国历史上两个重要的王朝，既处于我国封建社会行将灭亡的衰落时期，又处在中国封建专制主义发展的巅峰时期。盛世与没落，帝王的文治武功与社会的演进变革，殖民者的“福音”传播与列强的坚船利炮，此起彼伏的农民起义与先进的中国人的图强探索，以及革命与改良，等等。这是一个多姿多彩且天翻地覆的历史时期。这一时期又连接着今天，影响着今天。因此，研究明清两代的历史，就有着十分重要的意义。

现代意义上的明清历史研究开始于20世纪初。面对清王朝的腐朽没落，半殖民地半封建社会的奴役屈辱，资产阶级革命的风起云涌，以梁启超、夏曾佑、严复、孟森、章太炎、向达、谢国桢、萧一山等学者为代表的中国知识界，继承中国古代社会“鉴古知今”的历史传统，吸收近代科学理论知识，开始对清先世、明满关系、南明史、学术史，后渐扩大到秘密社会史、华侨史、晚清史（这是一大热点）、民族史、历史地理、财政史、盐业史等明清历史的多个方面，进行系统研究，筚路蓝缕，取得了丰硕的成果。

新中国成立以后，特别是改革开放以来，学术界在马列主义理论指导下，继承老一辈学者的信实学风，汲取西方学术研究的科学方法，解放思想，大胆探索，推动了明清史研究的不断深入。研究领域在不断扩大，研究水平在不断提高，明清史学逐渐形成充满朝气、欣欣向荣的繁荣景象。经过数十年的发展与积淀，时间已为我们留下了一些有价值的学术著作，这些著作资料翔实，论述严密，条理贯通，至今仍为许多学者所推崇。因此，将多年以来明清史研究著作纳入《文库》，重新修订再版，可使我们回顾明清史学研究的发展轨迹，促进 21 世纪明清史学术研究的深入发展。

故宫博物院和故宫出版社推出这套《明清史学术文库》还有一层特殊的意义，这就是故宫和故宫博物院在明清史研究中的特殊地位。故宫作为明清两代的皇宫紫禁城，在明清两朝的统治历史中，共有 24 位皇帝在此生活执政，使之在五百多年中成为全国的政治中心、文化中心，演绎出一幕幕兴衰史剧，几乎明清时期的每一个重大历史事件，都与宫廷发生着密切的联系。故宫几乎每一座宫殿、每一个院落、每一处山石，甚至每一口水井、一床一案，都有一段传奇经历，蕴含着独特的、浓厚的历史文化信息，涉及建筑、园林、历史、地理、文献、文物、考古、美术、宗教、民族、典制、礼俗等诸多学科与门类。这也是研究明清时期典章制度、宫廷建筑、宫廷生活等历史问题的专家学者不能不予以关注、不能不去考察体验的诸多社会历史领域。建立在以明清两代皇宫“原址保护”基础上的故宫博物院，兼容建筑、藏品与其中蕴含丰富的宫廷历史文化为一体，这一特点及优势，决定了它在整个明清史研究中有着独特的、不可替代的重要地位。而故宫的一切研究工作也离不开明清史学术界的辛勤劳动。

正是基于这种独特关系，故宫博物院与清史编纂委员会联合举办清史研讨会，与北京大学联合主办《明清论丛》，成立明清宫廷史研究中心和故宫学研究所，组织编纂明清史研究丛书，并资助出版一大批重要的明清史学术研究成果，受到学界的广泛赞许。以突出皇宫、皇权和皇帝等皇家文化研究的“故宫学”学术概念，也得到了学界的广泛关注。浙江大学、中国社会科学院研究生院等高校已开始招收这方面的硕士研究生，浙江大学成立了故宫学研究中心，南开大学成立了明清宫廷史与故宫学研究中心，台湾清华大学开设了“故宫学概论”课程等。所有这些，必将对故宫博物院的日常工作和学术研究，以及明清史学界的进一步发展，产生重要的推动作用。

故宫出版社作为故宫博物院的重要部门，一直把促进明清史和故宫学的研究作为自己义不容辞的责任和义务，做出了积极的努力，也取得了重要的成果。本次推出这套《明清史学术文库》，在整合、出版既有学术成果的基础上，通过深入地与专家、学者沟通，对明清史及故宫学研究涉及的一些问题进行专题探讨，以提高明清史和故宫学研究的理论水平，并向成为我国明清史研究成果的出版重镇不断迈进，其精神也值得赞扬。我们相信，通过故宫出版社与明清学术界的不断努力，明清历史研究必将取得更大的发展。

郑欣淼

2012年7月

总序二

一百年前的 1912 年，清朝覆亡，宣统帝退位，中华民国建立。标志着统治中国长达两千多年封建帝制的终结。中国历史迈开了前进的脚步，中国人民觉醒奋起，在近代化的征途上努力前进。

伴随着清王朝的覆灭，中国的一大批学者对中国封建社会的最后两个王朝——明朝和清朝的历史进行了认真、系统的研究，章太炎、梁启超、孟森、钱穆、萧一山、蒋廷黻、郭廷以、郑天挺、吴晗、罗尔纲、王钟翰等学术前辈在明清史处女地上披荆斩棘、辛勤耕耘，为明清史学的发展奠定了基础。改革开放以来，学术界百花齐放、百家争鸣，以马克思主义为指导不断地解放思想，积极吸收外国的研究思想和方法，使我国明清史的研究出现了前所未有的长足进步，涌现出一批有价值的学术著作。但在当时，中国或者尚在战乱时期，或者尚在建设的探索时期，经济贫穷，文化欠发达，学术著作的印刷数量不多，流传不广，不利于学术交流和明清史研究更深入的发展，故而故宫出版社将多年来明清史专题性研究著作纳入《明清史学术文库》，重新修订再版，力求涵盖民国以来各个时期的学术大家及其代表性著作，目的就在于将涉及政治、经济、文化、社会生活等方面的研究著作汇集一起，以此反映明清社会的整体状况，为学者深入研究明清时期的社会状况提供学术平台。

明清两代，时间长达五百多年之久，道路崎岖，变化迅速，人物和事件丰富繁多，是最接近今天现实的历史，生产力已有相当发展，居于当时世界各国的前列，社会结构和各种关系已相当复杂，人口众多，经济繁荣，交流频繁，财富充盈，各种事业兴旺发达。至康雍乾时期，中国历史发展到最高峰。但社会中的各个领域存在着缺陷，各种主客观条件尚未具备，整个社会唯以协同推进，阻力重重，举步维艰。所以未能进入近代化的轨道，中国坐失了西方世界在18世纪所抓住的社会进步的良好时机，这是中国的不幸，也是我们前几辈先人痛心扼腕、力图奋起直追的动力和原因。今天，我们正在建设中国特色的社会主义，成绩辉煌，但前途还有许多艰难曲折，需要我们奋斗拼搏，晚近明清历史上先辈们走过的崎岖道路值得我们回顾、反思、探索、研究，以利于后人的继续快步前进。

在中华民国成立以前，明清史虽已编纂了许多重要的档案资料，但研究尚在起步阶段，历史编纂中充斥着对本朝的歌功颂德和对前朝的诋毁。民国以后的明清史研究则有了重大的进步。

其进步主要可举出三个方面：

第一，改变了形而上学和英雄史观，逐渐以社会进步史观和马克思主义唯物史观来研究历史；改变了停滞不动、堆砌史料、罗列历史事实，不讲究前因和后果，不揭示历史发展的客观规律，强调英雄创造了历史而忽视人民群众的生产斗争、阶级斗争，不能给人以真实的历史知识的做法。历史是人类进步的活动，是人民群众艰辛创造和英勇斗争的进程。经济活动是人类社会的基础，而政治、军事、法制、文化、思想都是其上层建筑，将会或早或迟地随着经济基础的变化而变化。二十世纪初进步史观和马克思主义唯物史观的出现，大大改变和推动了中国历史研究，明清史研究领域出现了许多高水平的、科学的、实证的明清史著作。

第二，研究领域的扩大。自民国以来，明清史研究的领域不断扩大，不仅着重于帝王将相活动，不仅有内外战争、官场升贬、刑律惩治，也不仅宣扬封建的纲常伦理，还涉及到中央和地方的典章制度、兴废沿革、官阶序列、财政收支、赋税征收，人口的增减迁移，城镇的设置变迁；经济方面有农林牧副各业的状况，开垦和耕作记录，各种传统的手工业和商业，以至近代工厂、矿场的兴起，电报的设置，火车轮船的建造；军事方面，有八旗、绿营、团练、湘军、淮军以至北洋水师、小站练兵等；文化方面，既有诗文词赋、绘画书法、人物传记，又有昆曲、京剧、小说、唱本各种民间艺术；加之民族、法制、科学、宗教、城市、乡镇、风俗习惯、生态海洋等方面。各种研究无所不包，覆盖了各个社会历史领域，使得每朝的史书类似于百科全书型的著作，可以阅读和寻找到各种各样的知识。

第三，史料的整理和发展大为进步。民国以后，大内档案公之于世，其数量达一千万件以上，其中尤以清朝的档案与史料为多，它们的大量公开出版为后人提供了无穷的研究宝藏。档案和各种史料是认识和研究历史的重要载体，只有对它进行积累、分析、辨识、考证，才能揭示出历史的真相。近百年来，收集、保存、整理和利用这些珍贵的历史资料取得了很大的成绩，使我们对五百多年的明清历史有了许多新的重要的发现和认识。

故宫出版社作为故宫博物院的下属部门，把服务和促进明清史和故宫学研究作为自己的责任和义务，并为此做出了不懈的努力，坚持资助出版《明清史论丛》，还抽出人力、物力出版了《明代宫廷史研究丛书》等一批颇具特色的明清史著作，逐渐成为明清史研究成果的一个重要的出版阵地，为明清史研究的深入发展，作出了积极贡献。相信本丛书的出版，无论对史学工作者还是普通的史学爱好者，都是一个极大的便利，必将对明清史学术知识和研究的深入发展与广度普及，产生积极的影响。

2012年7月

目 录

太后下嫁考实

清世虽不敢言朝廷讳言之事，然谓清世祖之太后下嫁摄政王，则无南北，无老幼，无男妇，凡爱述故老传说者，无不能言之。求其明文则无有也。清末禁书渐流行，有张煌言《苍水诗集》出版，中有句云:“春官昨进新仪注，大礼恭逢太后婚。”此则言之凿凿矣。然远道之传闻，邻敌之口语，未敢据此孤证为论定也。改革以后，教育部首先发旧礼部所积历科殿试策，于抬写皇上处，加抬写摄政王，而摄政王之上，或冠以“皇叔父”字，或冠以“皇父”字，亦不一律，一时轰然，以为“皇父”之称，必是妻世祖之母，而后尊之为父也。然当时既不一律称“皇父”，则视之与“皇叔父”等。初入关，摄政王只称“叔父摄政王”。后以赵开心言，叔父乃家属所称，若臣民共称，当做“皇叔父”，诏从之。嗣称“皇父”，先发见者为殿试策，后大库红本皆出人间。顺治四年以后，内外奏疏中，亦多称“皇父”。父之为称，古有“尚父”、“仲父”，皆君之所以尊臣，仍不能指为太后下嫁之确据。

若以“皇父”之称为下嫁之一证，则既令天下易尊称，必非有所顾忌不欲人知之事。诚应如苍水诗，春官进大礼仪注，甚且有覃恩肆赦，以志庆幸。使皇帝由无父而有父，岂不更较大婚及诞生皇子等庆典为郑重乎？故必觅得当时公平之记载，不参谤毁之成见者，乃可为据。苍水自必有成见。且诗之为物，尤可以兴到挥洒，不负传信之责，与吾辈今日之考订清史不同。今日若不得确据，虽别有私家记述，言与苍水合，犹当辨其有无谤书性质，而后定其去取。况并无一字可据，仅凭口耳相传，直至改革以后，随排满之思潮以俱出者，岂可阑入补史之文耶！

蒋氏《东华录》所据之旧《实录》，所载摄政王事实，为王录所无者极多。“皇父”之来历，蒋录有之。清主中原，用郊祀大礼，以效汉法，乃始于顺治五年，此两《实录》所同也。是年冬至郊天，奉太祖配，追崇四庙加尊号，覃恩大赦，即加“皇叔父摄政王”为“皇父摄政王”。凡进呈本章旨意，俱书“皇父摄政王”，盖为覃恩事项之首，由报功而来，非由渎伦而来，实符古人“尚父”、“仲父”之意。张苍水身在敌国，想因此传闻，兼挟仇意，乃作太后大婚之诗。所起人疑者，尤在清世屡改《实录》。王氏《东华录》于顺治五年冬至郊天恩诏，则云:“叔父摄政王治安天下，有大勋劳，宜增加殊礼，以崇功德。及妃、世子应得封号，部院诸大臣集议具奏。”以下不载议奏结果。盖王录详其改称之前，蒋录但举其改称之事，其实一事，而王录则讳言“皇父”属实，想系后改《实录》如此。王录所讳，不但“皇父”之称，凡摄政王之所享隆礼，皆为所削，如初薨之日，尊为“懋德修道广业定功安民立政诚敬义皇帝”，庙号“成宗”；八年正月以追尊摄政睿亲王为成宗义皇帝，妃为义皇后，祔太庙，礼成，覃恩赦天下，并载诏文。凡此皆为王录所无。则知后改《实录》，乃本其追夺以后之所存者存之，亦非专为“皇父”字而讳也。又蒋录于议摄政王罪状之文，有王录所无之语云:“自称‘皇父摄政王’，又亲到皇宫内院”。又云:“凡批票本章，概用‘皇父摄政王’之旨，不用皇上之旨；又悖理入生母于太庙。”其末又云:“罢追封，撤庙享，停其恩赦。”此为后《实录》削除隆礼不见字样之一贯方法。但“亲到皇宫内院”一句最可疑。然虽可疑，只可疑其曾渎乱宫廷，决非如世传之太后大婚，且有大婚典礼之文布告天下等说也。夫渎乱之事，何必即为太后事？虽有可疑，亦未便太甚其恶。

全国口传，惟曰太后下嫁，而文人学士则又多所牵涉，谓太后大婚典礼，当时由礼部撰定，礼部尚书为钱谦益，上表领衔，故高宗见而恨之，深斥谦益。至沈德潜选谦益诗冠《别裁集》之首，亦遭毁禁，而德潜以此得罪于身后。此说也，仍由苍水诗中“春官进仪注”而来，联想至钱谦益以实之。今考钱谦益之为礼部尚书，乃明弘光朝事。清初部院长官不用汉人，至顺治五年七月，乃设部院长官汉缺，其领衔尚不得由汉尚书。《世祖纪》，五年秋七月丁丑，初设六部汉尚书、都察院左都御史，以陈名夏、谢启光、李若琳、刘馀祐、党崇雅、金之俊为六部尚书，徐启元为左都御史。而谦益之入清受官，据《贰臣传》，顺治二年五月，豫亲王多铎定江南，谦益迎降，寻至京候用。三年正月，命以礼部侍郎管秘书院事，充修《明史》副总裁。六月，以疾乞假。得旨：“驰驿回籍，令巡抚、巡按视其疾痊具奏。”谦益之入朝仅此。

《东华录》，顺治三年正月甲戌，以故明礼部尚书钱谦益仍以原官管秘书院学士事；礼部尚书王铎仍以原官管宏文院学士事。此文与《贰臣传》不合。今北京大学有《世祖实录》底本，则曰：“顺治三年二月初五日壬午，礼部尚书王铎、礼部右侍郎钱谦益，随豫王赴京，除授今职，各上表谢恩。”则又与《贰臣传》合。不知《东华录》所据之《实录》本何以两歧？然即使《东华录》为可信，其以某官管某职，原无此官而但有其职，荣以虚衔而已。在三年固未有汉礼部尚书，至五年有是官时，谦益去国久矣。

因《东华录》与旧《实录》及《贰臣传》载钱谦益入清之官不符，再考之《贰臣·王铎传》：

> 明崇祯十七年三月，擢礼部尚书，未赴。流贼李自成陷京师，明福王朱由崧立于江宁，铎与詹事姜曰广并授东阁大学士，道远未至。大学士马士英入辅政，出史可法督师扬州，嗾其党朱统鐼劾曰广去之。铎至，遂为次辅。……本朝顺治二年

五月，豫亲王多铎克扬州，将渡江，明福王走芜湖，留铎守江宁，同礼部尚书钱谦益等文武数百员出城迎豫亲王，奉表降，寻至京候用。三年正月，命以礼部尚书管宏文院学士，充《明史》副总裁。六月，赐朝服。四年，充殿试读卷官。六年正月，授礼部左侍郎，充《太宗文皇帝实录》副总裁。十月，遇恩诏，加太子太保。八年，晋少保。……九年三月，授铎礼部尚书，而铎先以二月间祭告西岳江渎事竣，乞假归里，卒于家。事闻，赠太保，赐祭葬如例，谥“文安”。

夫铎之入清，其原官为东阁大学士，非礼部尚书矣。如曰原官与谦益同为礼部尚书，此与事实不合。铎以次辅入清，而用礼部尚书管院学士，已降其官，谦益以礼部尚书入清，自应亦降一官而得侍郎为衔名。此可证《东华录》之未合者也。谦益未久留而去，后无历官可验；铎则名为礼部尚书，阅三年乃实授侍郎；再阅三年余，共历六年余，而始实授礼部尚书。则初到时之授官，可见绝非实官。况尚书汉缺未设，谦益能以礼部领衔奏事，其为虚诬，不待辨矣。谦益诗文多触忌讳，乾隆时方大兴文字之狱，禁毁何足为怪？顺治初年之礼部尚书为郎球，太宗时谓之礼部承政，入关后改名，由元年直任至十年五月乃免，具在院部大臣年表，与谦益无涉。

世祖时之尊为皇太后者有二后：太宗元后孝端，太宗庄妃以生世祖而尊为后曰孝庄。孝端崩于顺治六年，年五十一，摄政王薨于顺治七年，年三十九。孝庄后崩于康熙二十六年，年七十五。计其年，孝端长于摄政王十三岁。顺治五年间，摄政王称“皇父”时，孝端已五十岁矣。孝庄则少于摄政王者两岁。以可以下嫁论，当属孝庄。孝庄崩后，不合葬昭陵，别营陵于关内，不得葬奉天，是为昭西陵。世以此指为因下嫁之故，不自安于太宗陵地，乃别葬也。《孝庄后传》：“后自于大渐之日，命圣祖以太宗奉安久，不可为我轻动。况心恋汝父子，当于孝陵近地安厝。”此说姑作为官文书藻饰之辞，不足恃以折服横议。但太宗昭陵，已有孝端合葬；第二后之不合葬者，累代有之。世祖元后废，不必言；继后亦不合葬。先合葬者，乃董鄂氏端敬后，后合葬者，乃圣祖生母由妃尊为后之孝康后。继后孝惠后别葬，谓之孝东陵。世宗亦唯一后合葬。高宗生母尊为孝圣后者，崩于乾隆四十二年，高宗亦不为合葬，别起泰东陵。仁宗第二后孝和后，又别起昌西陵，不合葬。宣宗则第四后孝静后，别起慕东陵。文宗则第一后未即位以前崩之孝德后合葬。第二后孝贞后，即同治初垂帘之慈安太后，则别起定东陵；穆宗生母由贵妃尊为后之孝钦后，又并葬定东陵，皆不合葬。凡此皆以意择定，何独强孝庄不能以遗言自指葬所？此昭西陵虽清代无他例可援，亦不能定为下嫁之证。况列帝之后皆有此例乎？

由是则太后下嫁之证无有，而旧时所以附会其下嫁者，皆可得其不实之反证。以此欲作一考以辨其讹，然卒未有不下嫁之坚证。迟之又久，乃始得读《朝鲜李朝实录》。私念清初果以太后下嫁之故，尊摄政王为“皇父”，必有颁诏告谕之文；在国内或为后世列帝所湮灭；朝鲜乃属国，朝贡庆贺之使，岁必数来，颁诏之使，中朝亦无一次不与国内降敕时同遣。不得于中国官书者，必得于彼之《实录》中。着意翻检，设使无此诏，当可信为无此事。既遍检顺治初年《李朝实录》，固无清太后下嫁之诏，而更有确证其无此事者。急录之以为定断，世间浮言可息矣。

《朝鲜仁祖李倧实录》：

> 二十七年己丑，即清世祖顺治六年，二月壬寅，上曰：“清国咨文中有皇父摄政王之语，此何举措？”金自点曰：“臣问于来使，则答曰：‘今则去叔字。朝贺之事，与皇帝一体云。’”郑太和曰：“敕中虽无此语，似是已为太上矣。”上曰：“然则二帝矣。”

以此知朝鲜并无太后下嫁之说。使臣向朝鲜说明“皇父”字义，亦无太后下嫁之言，是当时无是事也。当时无之，而二百数十年尚传其说，此有数故。清初人民皆不满满族入主，先有视为无礼教之成见，会摄政王逼肃亲王豪格死于狱，而取其福晋。此为当时议摄政王罪状，所明载奏疏及谕旨者，自是事实。肃王为太宗长子，世祖亲兄，此而可以无礼，则去无礼于太后者几希？天下哗传，明遗老由此而入诗，国人转辗而据以腾谤。后人好奇，平正之论或久而不谈，新奇神秘不敢公然称道者，反传述之不已，无从辩证。有加辨者，亦以为媚兹一人，不足息好奇之念。今以异代订定史事虚实，则不能不有考实之文耳。

附录一　胡适之君来书

心史先生：

《太后下嫁考实》大稿送还，承赐先读为快，感谢感谢。今早别后，车中读此文，至佩先生不轻置信之精神。唯读后终不免一个感想，即是终未能完全解释“皇父”之称之理由。《朝鲜实录》所记，但云“臣问于来使”，来使当然不能不作模棱之语，所云“今则去叔字”，似亦是所答非所问。单凭此一条问答，似仍未能完全证明无下嫁之事，只能证明在诏敕官书与使节辞令中无太后下嫁之文而已。鄙意决非轻信传说，终嫌“皇父”之称似不能视为与“尚父”、“仲父”一例。下嫁之传说已无证据可凭，而“皇父”之称自是史实。后之史家于此事只能说，据殿试策与红本及《朝鲜实录》，摄政王确改称“皇父”，而民间有太后下嫁之传说，但无从证实了。鄙见如此，乞先生恕其妄说。

胡适敬上

廿三，六，廿六

附录二　作者答胡适之君书

适之先生：

朝鲜之问皇父来由，《实录》载在顺治六年二月壬寅。金自点所答曾“问使臣”，其问使臣必非当日之事，或在其前有若干时日矣。今姑作为问在是年是日，则壬寅乃十三日，当是时，摄政王方全掌国事，如以太后嫁彼为伦理上之污点而讳之，则必不以“皇父”之称诏示天下。至势力名分之不应亵渎太后，当时本非摄政王所虑也。既以“皇父”之称诏天下，如果因得婚太后之故以自尊异，则必以太后下嫁明告天下，而后知有其实故据其名。因其公然称“皇父”，必不讳太后下嫁。惟其无下嫁之事，则坦然称“皇父”以仲父、尚父自居，则亦无嫌，故有“皇父”之称。即事实只有两途：一则太后实行下嫁，一则非但不下嫁，并无不可告人之暧昧情事。若云下敕，而中国则后来讳之，朝鲜或《实录》失载，但其君臣有此讨论，则敕书可决其无有。使臣知为国讳，必在摄政王死后，朝局将翻之日。摄政王之死在七年十二月初九日戊子，其时世祖之举哀行礼固未尝不用帝崩之仪注也。是月二十五日甲辰，尊故摄政王为“懋德修道广业定功安民立政诚敬义皇帝”，庙号“成宗”。八年正月十九日丁卯，成宗义皇帝祔太庙。二月十五日癸巳，苏克萨哈、詹岱、穆济伦首告故摄政王多尔衮逆节。二十一日己亥，暴多尔衮罪于中外，削其尊号，及母妻追封，撤庙享。故朝事之反覆，始于八年二月十五，即云摄政王死而朝局必翻，使臣有先见，亦当讳于七年十二月初九以后。若在两年以前，国有大庆，太后大婚，使臣方负宣扬之责。若以为可讳，即清廷何必用公文称“皇父”？夫以国无明文之暧昧，吾辈今日固无从曲为辩证。但中构之言本所不道，辨者为多事，传者亦太不阙疑。此为别一事，不入鄙作考实之内。惟因摄政王既未婚于太后，设有暧昧，必不称“皇父”以暴其恶。故知公然称“皇父”，既未下嫁，即亦并无暧昧也。

复请再鉴，并示当否。

弟森拜上

廿八

世祖出家事考实

清世祖好佛，延高僧入禁中，尊礼甚至。时有木陈、玉林二禅师，皆世祖所敬事。而玉林尤为本师，为取法名曰行痴。“行”字在龙池祖法派中，为“通”字之下一辈，玉公名通琇，其弟子皆“行”字排也。木陈较有世间法习气，世宗时深斥之，而独尊玉林。责木陈所著《北游集》乖谬，饬部行文各省查毁。然木陈归天童，诸御书已摹刻上石，作奎焕楼贮之。天童寺在明州万山中，当时无追迹者，故石刻至今尚存。二十年庚午，余游浙东西诸山，读奎焕楼壁嵌世祖与木陈敕及手札，并书唐诗轴。世祖书法苍劲，非康、雍、乾累朝可比。钤章有“尘隐道人”，有“懒翁”，有“痴道人”等各文字，札称“木陈师兄”。有一轴书《梵网经》及《莲池解》，说明僧人不拜人君之旨。余《明州杂诗》中有一首云：“禅榻安眠奎焕楼，乐师龛后敕书留。道人尘隐翁贪懒，万乘萧然第一流。”记此事也。

《玉林国师年谱》，顺治十六年己亥，谱有云：

> 世祖请师起名。师辞让。固谓师曰：“要用丑些的字眼。”师书十余字进览。世祖自择“痴”字，上则用龙池祖法派中“行”字。后凡请师说戒等御札，悉称弟子某某，即玺章亦有“痴道人”之称。然师珍重世祖之深信，未尝形之口吻楮墨。凡师弟子，俱以法兄、师兄为称。至四月八日，佛诞道场圆

满，师即辞归葬亲。上谕允所请。四月十三日，钦差内十三道张嘉谟、近侍李国柱赍敕至万善殿，赐黄衣银印，师号大觉禅师，并赐帑金营葬，仍遣司吏院官张公嘉谟送归。师自前三月十五日面圣，留供西苑万善殿者两阅月，常不卸帽，不脱伽黎，上传师真留供大内，恩蒙顾问者非一一。然上如不问，则不敢强对。语不及古今政治得失，人物臧否，唯以第一义谛启沃圣心，盖不敢孤征召僧伽之明诏也。

世宗之斥木陈也，举其《北游集》所载。如述世祖谕旨云："愿老和尚勿以天子视朕，当如门弟子旅庵相待。"以为诞妄之至。又如云："上龙性难撄，不时鞭扑左右。偶因问答间，师启曰：'参禅学道人，不可任情喜怒，故曰："一念嗔心起，百万障门开"者此也。'上点首曰：'知道了。'后近侍国柱语师云，'如今万岁爷不但不打人，即骂亦希逢矣。又万岁爷极赞老和尚胸怀平坦，亦最慈和乐易'"云云。谓此乃必无之事，明系凭空结撰者。木陈漏泄世祖言动较多，故为世宗所嫉。但世祖敬礼二僧，亦为世宗所承认。《北游集》中语，未敢谓其必无。世宗又举《北游集》有讥玉林语，谓其不知分量。而《玉林年谱》亦言木陈非议其世祖所传之真，为不脱帽之像，有违僧律，玉林有驳正语甚详。然则二僧相轻，固自数见。今姑不论二僧之公案，要于世祖之入禅宗，礼本师，受法名，序辈行，虽不下堂阶，早与同泰舍身比烈。若不以攻乎异端为恶德，则于其乐道忘势，服善改过，反引为耻，乃世宗之偏心，非世祖所任受也。故木陈所记，吾以为无可反唇也。

然则谓世祖出家，正足道世祖之志。而世之所传，则又加以神秘，谓在位十八年，弃天下如敝屣，遁入五台为僧。其文字之证，则取之吴梅村《清凉山赞佛诗》。其事实之证，则谓圣祖奉太后屡幸五台，必有所为。又光绪庚子，两宫西狩，道经晋北，供御器具，地方无从措备，借自五台，宛然内廷法物，益坚信此中必为王者所居。并由梅村诗多言帝王内宠事，而世祖升遐之前数月，适为端敬皇后董鄂氏之丧，世祖哀悼过情，为世所叹异，因谓由悼亡而厌世，脱离尘网，回向空门，成万古钟情天子之佳话。以故传说益多，不可向迩。今先将世祖崩于宫中之明证，一一搜出，再以国史笺释梅村诗，不但了然于世祖出家之真伪，并将顺治末年宫中之恩怨，主德之污隆，为谈清宫情史者参一解焉。

《玉林国师年谱》：

顺治十八年正月初三，中使马公二次奉旨至万善殿云："圣躬少安。"师集众展礼御赐金字《楞严经》，绕持大士名一千，为上保安。初四，李近侍言："圣躬不安之甚。"初七亥刻，驾崩。初八日，皇太后慈旨，请师率众即刻入宫，大行皇帝前说法。初九寅刻，新天子登位矣。二月初二，奉旨到景山，为世祖安位，初六重扫世祖塔，欲南还，礼辞祖翁耳。二月十五日，得旨南还。钦差内十三道惜薪司尚公护送，并赐千金到西苑。师力辞。复送到。至第三次，尚公曰："和尚己亥出京，曾受大行皇帝千金，此番不受，恐持国大人致疑。"师曰："己亥之赐，实是太皇太后赐臣僧葬母者，今日之赐，虽感朝廷厚恩，受之实无名也。烦为实奏，决决不受者。"尚公复命。持国大人曰："我等素知此老和尚不爱财的，不必强矣。"（师自入京，巨细仪礼，例皆不受。）师乘御马，至景山大行皇帝前，绕持楞严诸品神咒，问讯而出。即晚到张家湾。

据此节，记世祖之因病而崩，崩于正月初七，至二月初二，移殡景山，历历可考。其时所谓内十三道，尽仿明代宦官十三衙门之制，遗诏中引为失德而罢之。清之惩奄祸，在康熙即位之后，事别详下。

《玉林年谱》就世祖信佛之近证，先为举出，同时士夫之记载最可据者莫如王文靖公熙所述。文靖为亲受世祖末命之汉大臣，世祖遗诏出其手，此见之清初各家文集所撰王文靖公传状碑志。而各家皆言公于此事，面奉凭几之言，终身不以语人，虽子弟莫得而传，若韩菼之为状，张玉书之为志，皆如是云云。检国史旧传，则略其事不著。大以为可疑，意其中必有讳言之故，则又假定为行遁五台，或有其事矣。既而购得《王文靖集》，中并有《自撰年谱》一首，载世祖病证及晏驾之事极明。韩、张之说，盖谓遗诏中世祖自责各款，乃皇太后及受遗之王大臣有所增改，文靖为原述旨之人，增改之后，仍以末命行之，文靖终身不泄宜也。年谱此段文如下：

> 辛丑三十四岁元旦，因不行庆贺礼，黎明入内，恭请圣安，召入养心殿，赐坐，赐茶而退。翌日，入内请安，晚始出。初三日，召入养心殿，上坐御榻，命至榻前讲论移时。是日，奉天语面谕者关系重大，并前此屡有面奏，及奉谕询问密封奏折，俱不敢载。惟自念身系汉官，一介庸愚，荷蒙高厚，任以腹心，虽举家生生世世，竭尽犬马，何以仰答万一，岂敢顾惜自家，不力持正论，以抒诚悃也。吾子吾孙，其世世铭心镂骨，以图报效也。初六日，三鼓，奉召入养心殿，谕："朕患痘，势将不起。尔可详听朕言，速撰诏书，即就榻前书写。"恭聆天语，五内崩摧，泪不能止，奏对不成语。蒙谕："朕平日待尔如何优渥，训尔如何详切，今事已至此，皆有定数。君臣遇合，缘尽则离，尔不必如此悲痛。此何时，尚可迁延从事，致误大事？"随勉强拭泪吞声，就御榻前书就诏书首段。随奏明恐过劳圣体，容臣奉过面谕，详细拟就进呈。遂出至乾清门下西围屏内撰拟，凡三次进览，三

蒙钦定，日入时始完。至夜，圣驾宾天，泣血哀恸。初八日，同内阁拟上世祖章皇帝尊谥，又同内阁拟今上皇帝即位年号，又为辅政大臣撰誓文。

如上所言，顺治十八年正月初三日，即玉公所谓是日“圣躬少安”者，盖其前已甚不安也。文靖于是日奉谕，关系重大，俱不敢载，则必有遗诏中事项发生，或为与诏相符，或为下诏时所已改，其自言不敢载，而诸家所诵言其慎密者，盖在此一日内事。元旦即不行庆贺，黎明入内问安，可知不豫在上年之杪。而《东华录》书上不豫在正月壬子，即初二日，其前未以为当宣布不豫之消息也。初六日谕，有患痘势将不起之言，则病证亦明矣。

康熙朝《东华录》之首云：

顺治十八年辛丑春正月辛亥朔，越七日丁巳夜子刻，世祖章皇帝宾天。先五日壬子，世祖不豫。丙辰，遂大渐。召原任学士麻勒吉、学士王熙至养心殿，降旨一一自责，定皇上御名，命立为皇太子，并谕以辅政大臣索尼、苏克萨哈、遏必隆、鳌拜姓名，令草遗诏。麻勒吉、王熙遵旨于乾清门撰拟，付侍卫贾卜嘉进奏。谕曰：“诏书着麻勒吉怀收。俟朕更衣毕。麻勒吉、贾卜嘉，尔二人捧诏奏知皇太后，宣示王、贝勒、大臣。”至是，世祖崩。麻勒吉、贾卜嘉捧遗诏奏知皇太后，即宣示诸王、贝勒、贝子、公、大臣、侍卫等。宣讫，诸王、贝勒、贝子、公、大臣、侍卫等皆痛哭失声。

此一段是世祖崩日之宣布遗诏。下云：“戊午，颁大行皇帝遗诏。”则布告天下之遗诏矣。

夫云奏知皇太后而后宣示，又云即宣示诸王、贝勒、贝子、公、大臣、侍卫等，其间必有太后及诸王斟酌改定之情事。就遗诏全文观之，未必世祖能彻底悔悟至此，而既有此遗诏，则清祚之所以灵长，太后、诸王之所以能为宗社计也。俟后再详之。兹更言世祖崩御之证，则当时更有京曹中文学著名者之记载在。

民国二十年四月，上海《人文杂志》载杂记一篇，云系金山钱氏守山阁钱熙祚之后人名灿若者所助赠，而不得其主名。余阅其中有云："端敬皇后丧，中堂命余辈撰御祭文。山阴学士曰：'吾辈凡再呈稿矣，再不允，须尽才情，极哀悼之致。'予具稿，中堂极叹赏。末联有'渺兹五夜之箴，永巷之闻何日？去我十臣之佐，邑姜之后谁人？'等语。上阅之，亦为堕泪"云云。

因举嘉庆《上海县志·张宸传》示人，文社乃于次期杂志中补载撰杂记者之名为张宸焉。宸字青瑯。向读魏源《圣武记》，于《康熙亲征准噶尔记》后附录《内大臣马思哈出师塞北纪程》，云见上海张宸《青瑯集》，所记乃康熙二十九年之事。既而读汪琬《尧峰文钞》，则有《张青瑯诗集序》，中言青瑯"官不越郎署，年不及耄期，最后遂轗轲困顿以殁"。又云："异时天子右文。诏举博学鸿儒。"而青瑯之殁已久。"于是其女夫金生名定者，排纂遗稿若干卷，乞予序之。"然则宸之殁，在康熙十七年诏举鸿博以前，钝翁亦卒于康熙二十九年，所序《青瑯集》决不能尚有二十九年补入集之文，默深所记，或有误也。唯《上海县志》宸传，则可证杂记之出于宸笔。于世祖崩事极翔实。先录本传以证其人：

> 张宸字青瑯，博学工诗文，由诸生入太学，选中书舍人。时词臣拟撰端敬后祭文，三奏草未称旨，最后以属宸。有云："渺兹五夜之箴，永巷之闻何日？去我十臣之佐，邑姜之后谁人？"章皇帝读之，泫然称善。寻迁兵部督捕主事。康熙六年，以求直言上疏请撤本邑客兵二千四百人，并巡海章京，以苏民困。报可。邑用是安堵。旋罢归病卒。有《芦浦庄诗》、《北征使粤草》。弟宿，字月鹿，著《田间草堂诗》。

宸之名定，其所记乃可据。记云：

辛丑年正月，世祖皇帝宾天。予守制禁中，凡二十七日。先是正月初二日，上幸悯忠寺，观内珰吴良辅祝发。初四日，九卿大臣问安，始知上不豫。初五日，又问安。见宫殿各门所悬门神对联尽去，一中贵向各大臣耳语，甚怆惶。初七晚，释刑狱，诸囚狱一空，止马逢知、张缙彦二人不释。传谕民间毋炒豆，毋燃灯，毋泼水，始知上疾为出痘。初八日，各衙门开印。予黎明盥漱毕，具朝服将入署，长班遽止之曰："门启复闭，止传中堂暨礼部三堂入，入即摘帽缨，百官今散矣。"予错愕久之。盖本朝制度，有大丧则去缨，讵上春秋富，有此变也？早膳后出门问讯，则人复讯予，无确音。时外城门俱闭，列卒戒严，九衢寂寂，惶骇甚。日晡时，召百官携朝服入，入即令赴户部领帛。领讫，至太和殿西阁门，遇同官魏思齐，讯主器，曰："吾君之子也。"心乃安。二鼓余，宣遗诏，凄风飒飒，云阴欲冻，气极幽惨，不自知其呜咽失声矣。宣已，诫百官毋退，候登极。群臣惟余辈及科臣就署宿，余俱午门外露坐。是夜，彗星见中天，芒东北指。早，风日晴和，上升殿毕，宣哀诏于天安门外金水桥下。群臣有饥色，各退就本衙门守制。蚤暮哭临九日，在丧二十七日，毋得归私第。阅三日，辅臣率文武百官设誓。旗下每旗一誓词，各官每衙门一誓词，词正副三通。一宣读，焚大行殡宫前；一赴正大光明殿焚读上帝前；一藏禁中。词曰："臣等奉大行皇帝遗诏，务必力一心，以辅冲主。自今以后，毋结党，毋徇私，毋黩货，毋阴排异己，以戕善类，毋偏执己见，以妨大公。违斯誓者，上天降殛，夺算凶诛。"语小有不同，然大意如此。

予是时始得入乾清门，仰观内殿，盖哭临在宫门外，唯一二品大臣上殿哭，余俱不能也。殿上张素帏，即殡宫所在。两庑俱白布帘，壸闱肃穆，非外廷可比。宫门外大厂二，东释西道，竖幡竿，昼夜礼经忏。大光明殿在宫城太液池西，圆殿，白石甃，碧瓦金顶，干霄耀日，光奕奕动。十四日，焚大行所御冠袍器用珍玩于宫门外。时百官哭临未散，遥闻宫中哭声，沸天而出。仰见皇太后黑素袍，御乾清门台基上，南面，扶石栏立，哭极哀。诸宫娥数辈，俱白帕首白衣从哭，百官亦跪哭。所焚诸宝器，火焰俱五色，有声如爆豆。人言每焚一珠，即有一声，盖不知数万声矣，谓之小丢纸。自初八至十六日，哭临毕。

二十日，始票本发所缮制敕，予因得登太和殿请宝。宝方匣，玉色不甚白，唯“皇帝之宝”系碧玉，俱交龙纽，贯以黄绒绳，如指大。两内相捧至殿。殿左设方矮桌，铺褥，用宝其上。殿九楹，每楹朱漆柱九，中楹柱绘盘龙。殿顶俱五彩隔尘，金碧灿烂，中一室悬镜如星，中悬一轩辕镜，直御座上。御座朱红漆镀金，嵌以绿色宝石。座上大椅皆三扆，不设几。座四面俱丹陛三道，道各三累，有围栏。殿上俱黄绒地衣，下衬以棕荐篾席，惟御座一间，加以五彩蟠龙地衣。殿两旁近南，有二朱扉，东西向，不甚高大，上有金滴水。东西柱下各一方桌，黄绫四面围，东桌黄绫袱盖一物如方函，西桌金缎袱盖一物如盔，余无所有。殿前月台，白石雕龙甃，三层上有铜狮八，铜鹤铜龟各八，俱各炷香，烟从口出。殿后即中和殿，实一方亭圆顶如厅事。后过道又一层为保和殿。殿后玲珑雕墙，即乾清门外院矣。予思仕宦至大僚，非政府，有终身不得上殿者。予小臣，乃得奔走执事其间，一何幸也！

阅几日，议谥号。应曰“高”，而以为逾于太祖、太宗，故庙号“世祖”，谥曰“章”。予辈撰玉册文，中堂示明穆庙时归震川先生所撰世宗册文为楷式焉。又几日，移殡宫于景山寿皇殿。先一日，陈卤簿队，象辇。象出东华门，俱流泪簌簌不已，共异之。明日，微雪。黎明，百官排班自东华门至景山，鱼贯跪道左。予是时始见卤簿之全。开道二红棍，有黑漆描金如竹篦上广而下锐者，凡十余对。又二红棍，如前篦而剖其半，又十余对。自后则有若枪者，若戟者，若戈若矛者，蛇其首者，若锥者，如瓜者，如手执锥者，皆镀金朱杆。有若节者，幢者，幡者，旌者，旗者，麾者，锦绮辉耀，每每色各数十对。每易一仗，即间二红棍。诸仗俱直立持，不横仆。惟葆伞最多，扇有圆者，方者，兜者，如鸟翅者，每式具五色，色各一；伞亦具五色，每色五顶，俱刺绣五檐，惟黄罗曲柄者止二顶。队中有散马，辔而不鞍，八十余匹，有鞍马数十匹。刻金鞍辔镫，黄鞦鞶，鞍首龙衔一珠，如拇指大，鞍尾珠三，如食指大，背各负数枕，备焚化，枕顶亦刻金为龙衔珠，如鞍首，共百余。驼数十匹，繁缨垂貂，极华丽，皆负绫绮锦绣，及帐房什器，亦备焚。腰弓插矢者数十人，俱乘马。捧御弓箭者数十人。牵猎犬御马者数十人。御箭皆鸦翎粘金。御撒袋俱黄绮，针缝处密密贯明珠，计一袋珠，可当民间数妇女首饰，真大观也。近灵舆，各执赤金壶、金瓶、金唾壶、金盘、金碗、金盥盆、金交床椅杌等物，皆大行所曾御者，亦备焚。灵舆黄幔软金檐，紫貂大坐褥，其后即梓宫，用朱红锦袱盖，诸王大臣乘马执绋，盖至是不觉哭声之愈高矣。虽疏远小臣，无不汍澜涕尽者，以此见先帝之深仁厚泽入人最深也。

梓宫前有青布衣童子二三十人，或曰大臣子弟，育于太后所，故衣尚青。梓宫后为贞妃柩，上用紫花缎袱，盖贞妃者从先帝死，故赐号贞妃，或曰即端敬皇后之妹也。其后，皇太后黑缎素服，素幔步辇送殡。举哀后，素车五，青幔车六七，不知中宫谁人。各官随至景山，梓宫启东墙入。命妇在寿皇殿门内，百官在殿门外。擗踊奠楮，焚前所载诸物，谓之大丢纸。礼毕而散。当是时，青松碧树，翠帐重峦，旌旗鼓吹，掩映其间，虽当遏灭之时，具见天家富丽矣。回思今上御极之晨，去大行才一日夜，所陈仪仗，即已灿新，无一物仍旧，上方制器，又何神速也！

又三日，为二月初五日，二十七日之期已满，百官至景山圆孝，各解所系素带，汇而焚之卒，哭，易服而出，然后得退归私第焉。予惟先帝临御十八年，无日不以民生疾苦为念，其御臣下，新旧人一体，无偏畸，间有不测恩威，亦雷霆雨露，称物平施，所以诸臣哭泣之哀，为前代所未有。

予守制时，因满汉官骈集，内三院公署不足容直宿，赁东华门内前星门左侧一内相小直庐寄宿。前星门止一坊，前有三石桥，后为麟趾门，盖前代青宫也。今殿废，止一门存焉。寓前房一区，门扃锁，询之，为魏忠贤私拷人处，至今尚存。东华门晨启，命诸妇入哭，俱细白布袍，白帕首，后垂二白带，长竟身，手执一细竹杖，抵暮方散，车如流水，马如游龙，此俱从龙贵人一二品大臣妻也，可谓盛矣。又有柴车载器具入内库，询之为马逢知籍产，当是时，即已知其不赦云。时议停奉先殿时享，殿为先帝改造，方工役时，予宗揆原督工，因得与观其规模，又同时造元穹殿，祀上帝，为宫中祈天之所，今亦议停祀，欲毁，以费徒役，故暂止焉。又议朝祭俱用日出，免灯笼庭燎不设。宫中出一元狐，纯黑色，额点白，遍体光泽，前趾螺文如柔荑。一大木笼，如三层楼，上层以备其寝息，中层以饷食饮，下层以备溲溺，云将纵之野外。又一三尾羊，亦纵之。

又宫中新造佛像极多，工致绝时辈，俱分送京城各寺院。凡诸珍玩，焚化不尽者，俱市之民间，以备山陵之费。即盆卉鞍韀诸物，亦有货者。于是知皇太后之俭德固逾他代，抑亦抱乌号而增痛故然与？

据宸所记，世祖崩于痘，与王文靖所记合。尤特殊者，为正月初二日，世祖尚幸悯忠寺观内粗吴良辅祝发，是可知《东华录》于是日始书不豫，其前实无剧病。悯忠寺即今之法源寺，唐太宗征辽东，归途经此，造寺以荐阵亡将卒，故名“悯忠”。世祖既耽于释氏，又惑于奄人，吴良辅盖于世祖崩后伏诛，此事在清代亦微有所讳，不欲彰世祖之过，然世祖亦非爱而不知其恶，究与明代任奄诸帝不同。考清一代，最惩内官之弊，宫中暬御，领以大臣，谓之内府，而刑余一流，退而分女官之职，司礼秉笔之贵，缉事诏狱之威，终清世无之。清驭宦官，所定制度，实超过汉唐以下各代，然为世祖崩后，太后及诸辅臣为之，非世祖所及料也。世祖于顺治十年六月二十九日癸亥，设内十三衙门，悉本明制。谕文中痛发寺人之祸国，意在严防，亦不过与明之太祖、太宗比烈，未尝有意为康熙以后之内府体制也。十二年六月辛巳，立内十三衙门铁敕，明举明代诸奄为鉴戒，亦不过仿明太祖铁牌故事，未若康熙即位后之根本改革。盖康熙后所未达一闲者，仅未能禁止宫刑耳。世祖朝之吴良辅，据《宫史》，顺治十五年三月，载世祖谕吏部：

内监吴良辅等，交通内外官员，作弊纳贿，罪状显著，研审情真。有王之纲、王秉乾交结通贿，请托营私，良辅等已经供出，即行逮问。其余行贿钻营，有见获名帖书柬者，有馈送金银币帛者，若俱按迹穷究，株连甚众，姑从宽免。如此情弊，朕已洞悉，勿自谓奸弊隐密，窃幸朕不及知。嗣后务须痛改前非，各供厥职。凡交通请托行贿营求等弊，尽皆绝断。如仍蹈前辙，作奸犯法者，必从重治罪。

观此谕辞似严厉，然卒不穷究，毫无惩治，则于良辅之有犯，明明听其漏网。《东华录》载此谕，略加增添，末又缀“良辅寻伏法”一语，则合后数年之究竟言之，非当时事实矣。从张宸所记，则世祖晏驾前数日，尚命良辅祝发而亲往观之。佞佛纵奄，两擅其胜，此亦英主之一偏溺也。抑本以此奄为代帝出家，未可知也。世祖时，太祖谥“武”不谥“高”，故记云然。康熙初元，即改太祖谥“高”，亦议世祖谥时所触发矣。

正月初七日丁巳，世祖崩，遗诏既云奏知皇太后而后宣示，则可知其实受成于太后之意旨。观张宸所记，亦归美于太后，当时之众论可知。遗诏胪列罪己各款，如昵近奄宦，内宠逾制，皆世祖所不能自克者，故知原诏文未必然也。

《东华录》：

> 丁巳夜子刻，上崩于养心殿。遗诏颁示天下，诏曰：“朕以凉德，承嗣丕基，十八年于兹矣。自亲政以来，纪纲法度，用人行政，不能仰法太祖、太宗谟烈，因循悠忽，苟且目前，且渐习汉俗，于淳朴旧制，日有更张，以致国治未臻，民生未遂，是朕之罪一也。朕自弱龄，即遇皇考太宗皇帝上宾，教训抚养，惟圣母皇太后慈育是依，隆恩罔极，高厚莫酬，惟朝夕趋承，冀尽孝养，今不幸子道未终，诚悃未遂，是朕之罪一也。皇考宾天时，朕止六岁，不能服衰绖行三年丧，终天抱憾，惟侍奉皇太后，顺志承颜，且冀万年之后，庶尽子职，少抒前憾，今永违膝下，反上廑圣母哀痛，是朕之罪一也。宗室诸王贝勒等，皆系太祖、太宗子孙，为国藩翰，理宜优遇，以示展亲。朕于诸王贝勒等，晋接既疏，恩惠复鲜，以致情谊睽隔，友爱之道未周，是朕之罪一也。满洲诸臣，或历世竭忠，或累年效力，宜加倚托，尽厥犹为，朕不

能信任，有才莫展，且明季失国，多由偏用文臣，朕不以为戒，而委任汉官，即部院印信，间亦令汉官掌管，以致满臣无心任事，精力懈弛，是朕之罪一也。朕夙性好高，不能虚己延纳，于用人之际，务求其德与己相侔，未能随才器使，以致每叹乏人，若舍短录长，则人有微技，亦获见用，岂遂至于举世无才，是朕之罪一也。设官分职，惟德是用，进退黜陟，不可忽视。朕于廷臣中，有明知其不肖，不即罢斥，仍复优容姑息。如刘正宗者，偏私躁忌，朕已洞悉于心，乃容其久任政地，诚可谓见贤而不能举，见不肖而不能退，是朕之罪一也。国用浩繁，兵饷不足，而金花钱粮，尽给宫中之费，未尝节省发施，及度支告匮，每令会议，诸王大臣未能别有奇策，止议裁减俸禄，以赡军饷，厚己薄人，益上损下，是朕之罪一也。经营殿宇，造作器具，务极精工，求为前代后人之所不及，无益之地，糜费甚多，乃不自省察，罔体民艰，是朕之罪一也。端敬皇后于皇太后克尽孝道，辅佐朕躬，内政聿修，朕仰奉慈纶，追念贤淑，丧祭典礼，过从优厚，不能以礼止情，诸事逾滥不经，是朕之罪一也。祖宗创业，未尝任用中官，且明朝亡国，亦因委任宦寺，朕明知其弊，不以为戒，设立内十三衙门，委用任使，与明无异，以致营私作弊，更逾往时，是朕之罪一也。朕性耽闲静，常图安逸，燕处深宫，御朝绝少，以致与廷臣接见稀疏，上下情谊否塞，是朕之罪一也。人之行事，孰能无过，在朕日理万几，岂能一无违错，惟肯听言纳谏，则有过必知。朕每自恃聪明，不能听言纳谏。古云:“良贾深藏若虚，君子盛德，容貌若愚。”朕于斯言，大相违背，以致臣工缄默，不肯进言，是朕之罪一也。朕既知有过，每自刻责生悔，乃徒尚虚文，未能省改，以致过端日积，愆戾越多，是朕之罪一也。太祖、太宗创垂基业，所关至重，元良储嗣，不可久虚，朕子（贴黄），佟氏所生，八岁，岐嶷颖慧，克承宗祧，兹立为皇太子，即遵典制，持服二十七日，释服即皇帝位。特命内大臣索尼、苏克萨哈、遏必隆、鳌拜为辅臣。伊等皆勋旧重臣，朕以腹心寄托，其勉矢忠荩，保翊冲主，佐理政务。布告中外，咸使闻知。

遗诏中深抑奢靡，有撙节爱养之意，是国祚之所以能久。排斥汉人，至以汉官偶掌部院印信，亦为罪己之一端，可知意出于诸辅臣。当时汉族新服，满族方张，柄国者所惮在满不在汉，四辅臣又均非宗室，当奉遗诏时，即跪告诸王贝勒等，言："今主上遗诏，命我四人辅佐冲主。从来国家政务，惟宗室协理，索尼等皆异姓臣子，何能综理？今宜与诸王贝勒共任之。"诸王贝勒等曰："大行皇帝深知汝四大臣之心，故委以国家重务，诏旨甚明，谁敢干预？四大臣其勿让。"索尼等奏知皇太后，乃誓告于皇天上帝、大行皇帝灵位前，然后受事。此见于康熙《东华录》之首，中间以太后为枢纽，而四辅臣之将顺宗亲，敷衍满族，与宗亲满族之自争利益，皆在此遗诏中决之。故知王熙之撰诏，大半为太后、辅臣之指，不言温树，情势宜然。至追咎董鄂后之祭葬逾侈，并非有所追夺，不过平议者之心，而弭其气，于事无所出入，但非世祖之所欲言。铲除宦寺，处斩吴良辅，实为清一代最惩覆辙之高见，而亦不似世祖向来优容吴奄之举动。据张宸所记，世祖于不豫之第一日，即晏驾前之六日，尚亲为吴奄祝发。以后未见吴良辅正法明文，而带述于二月十五日废止十三衙门之谕中，则为已诛吴奄之后。《东华录》于顺治十五年三月申斥吴良辅之谕旨，结之以"良辅寻伏诛"一语，本为要其终而言之。《清史稿·世祖本纪》十五年三月申辰径书"内监吴良辅以受贿伏诛"，更不著一他语，此则误读《实录》，不体会寻伏诛之"寻"字。至私家尚有记良辅祝发于十八年之初，世祖并有亲临之事，自更非所及见矣。史书之不得其实，留待后人订正者多，岂惟《清史稿》为然？

十八年二月十五日乙未，在圣祖即位逾月之后矣。革去十三衙门，已发明谕。前载《玉林年谱》，二月十五日得旨南还，尚有钦差内十三道惜薪司尚公护送。则事在同日，想革去之旨，颁发在后，非早朝例发之谕也。

《东华录》，二月乙未，谕吏部、刑部等大小各衙门：

朕惟历代理乱不同，皆系用人之得失，大抵委任宦寺，未有不召乱者，加以奸邪附和其间，则为害尤甚。我太祖、太宗痛鉴往辙，不设宦官。先帝以宫闱使令之役，偶用斯辈，继而深悉其奸，是以遗诏有云："祖宗创业，未尝任用中官，且明朝亡国，亦因委用宦寺。"朕懔承先志，厘剔弊端，因而详加体察，乃知满洲佟义，内官吴良辅，阴险狡诈，巧售其奸，荧惑欺蒙，变易祖宗旧制，倡立十三衙门名色，广招党类，恣意妄行。钱粮借端滥费，以遂侵牟，权势震于中外，以穷威福，恣肆贪婪，相济为恶。假窃威权，要挟专擅，内外各衙门事务，任意把持，广兴营造，糜冒钱粮，以致民力告匮，兵饷不敷。此二人者朋比作奸，挠乱法纪，坏本朝醇朴之风俗，变祖宗久定之典章，其情罪重大，稔恶已极，通国莫不知之，虽置于法，未足蔽辜，吴良辅已经处斩，佟义若存，法亦难贷，已服冥诛，著削其世职。十三衙门尽行革去，凡事皆遵太祖、太宗时定制行。内官俱永不叙用。又刘正宗亦当仰遵遗诏，置之重典，但念其年老，姑从宽免。其党类亦皆赦宥。尔等即传布中外，刊示晓谕，咸使知悉，用昭除奸癉恶大法。

此谕为清永抑宦官之始，谕中"吴良辅已经处斩"，未明言斩于何日。而其助成内十三衙门之罪魁，尚有一满洲佟义，虽已死，亦削世职，此必亦一勋贵。当时佟养正之后，尚未入抬满洲，未能考其所出。

世祖崩于大内，无行遁之说，诸证已明。而世仍以吴诗《清凉山赞佛》四首为疑，因其为赞佛，则疑五台之涉及世祖，必有出家五台之举。因其一再用董姓入诗，又疑董妃为冒氏姬人董小宛。夫世祖媚佛之据甚多，疑为出家，犹非无故。至董姓何必即为小宛？董鄂之“董”，在诗人何必辨其为非汉姓之“董”，而不以董姓故事附丽之？抑向来学者，于清代故事太不留意，并不知端敬皇后之出董鄂氏耶？昔年为小宛辨诬，曾有专考，行世二十余年，可不复述。当小宛艳帜高张之日，正世祖呱呱堕地之年。小宛死于顺治辛卯，辟疆《同人集》中，海内名流以诗词相吊者无数。时世祖尚只十四岁耳，小宛则二十八岁，所谓年长以倍者也。汉人于满姓董鄂氏，本多举其一“董”字为说，梅村诗程穆衡笺即如此。学者间喧传董妃为小宛，乃革命后异说争鸣之一种。若以王杲为山东人，世祖之太后与之苟合而生世祖，其始见文字中者，为魏声龢《鸡林旧闻录》。旋为英人濮兰德所采，遂人英文记载中，而国人又转译以为异闻，抑何可笑！吴中叶菊裳先生昌炽，世以学人奉之。其《缘督庐日记》，即有两则信董小宛为董妃之说。民国四年乙卯二月十六日记云：“聪生、日暎来长谈，云有李君熙者，燕人也，举经济特科，廷试翘然高列，熟于《红楼梦》之学，谓此书为董小宛而作，并涉及国初宫闱事，非臣子所敢言，有批注详言本末，别有提要一卷，中华书局已为刊行。初讶其说之奇创，既而恍然悟梅村《清凉山赞佛诗》，惝恍迷离，莫测其旨。靳荣藩注，可为详矣，然于此篇本事，独不着一字。今指其第一首云，‘王母携双成，绛节云中来’，已暗藏董字。末首‘长以兢业心，了彼清净理’，脱踪万乘，而又与同泰舍身者迥别。梅村诗史，必不妄作。以此证李君之言，殆可信。”

叶君于李君熙之说，竟由《清凉山赞佛诗》而信其附会之有合，不但以双成一典，信董姓之即为小宛，又由“长以兢业心，了彼清净理”二语，并信世祖之出家。文人好奇，不暇深考，遽尔轻附流言，在叶君桑海遗民，心存故主，必不愿多所诬蔑。然于此竟不免积习。

其后九日为廿五日，又记云：“至麦家圈惠中旅馆，即平原相国寓室。聪生袖交《红楼索隐提要》，王梦阮撰。梅村《清凉山赞佛诗》双成一联之外，又举‘可怜千里草，萎落无颜色’为证。此诗实可疑，不能谓其穿凿也。”盖信之至矣。

平原相国谓陆凤石，聪生或即陆氏子弟，遗老忠于故君，独于宫闱影事，居然附和新学少年。当时蔡孑民先生亦有《红楼索隐》之作，商务印书馆取以与余《董小宛考》合印一册，皆其时人心思探清初奇秘之现象。尤可笑者，冒鹤亭见余《小宛考》，以为代其先世雪诬，赠冒氏先德历代著述之丛书为谢。余诘以“君家小宛被诬，君知雪之，太清春、龚定庵被君所诬，又将如何？余则两雪之，君知改否？”则又固言“闻之先辈，不欲回意。”然则事非切己，仍以传播流言为快意，所谓结习者如是。

《清凉山赞佛诗》，叶君谓其迷离惝恍，盖亦未逐句寻其指意，只见为迷离惝恍耳。靳荣藩不详本事，靳固深避梅村诗中涉于时事之解释。吴诗之专释本事者，乃程迓亭穆衡。靳或引之，旋又自剜其版。今《吴诗集览》中，往往一片墨钉，核之，皆程迓亭笺也。迓亭所释亦不尽确，惟将分体之旧本，改作编年，颇便于考订时事，虽未能尽确，然以各体之次序，并为一总次序，大致可据。兹为吴诗重笺，纠正程笺，亦纠正其编年之有误，此不过就董鄂妃一事言耳；若全诗，则非敢与前贤笺释立异也。且无国史可据，亦固未能订其年月矣。

重释吴诗，首以学者共疑之《清凉山赞佛诗》为急。此诗程编于庚子、辛丑间，是也。但必其在辛丑，即顺治十八年，世祖遗诏已颁之后。题下程原笺云：

> 为皇贵妃董氏咏。《扈从西巡日录》："五台山大塔宝院寺，明万历戊寅，孝定皇太后重建，有阿育王所置佛舍利塔、文殊发塔。"知历来后妃皆有布造，贵妃，上所爱幸，薨后命五台山大喇嘛建道场。诗特叙致瑰丽，遂有若《长恨歌序》云尔。

此为程氏所释本事，言为董妃建道场于此山，而有此诗，亦未言世祖行遁此山也。其诗云：

西北有高山，云是文殊台。
台上明月池，千叶金莲开。
花花相映发，叶叶同根栽。
王母携双成，绿盖云中来。
汉主坐法宫，一见光徘徊。
结以同心合，授以九子钗。
翠装雕玉辇，丹髹沉香斋。
护置琉璃屏，立在文石阶。
长恐乘风去，舍我归蓬莱。
从猎往上林，小队城南隈。
雪鹰异凡羽，果焉殊群材。
言过乐游苑，进及长杨街。
张宴奏丝桐，新月穿宫槐。
携手忽太息，乐极生微哀。
千秋终寂寞，此日谁追陪？
陛下寿万年，妾命如尘埃。
愿共南山椁，长奉西宫杯。

披香淖博士，侧听私惊猜。
今日乐方乐，斯语胡为哉？
待诏东方生，执戟前诙谐。
薰垆拂黼帐，白露零苍苔。
吾王慎玉体，对酒毋伤怀。

伤怀惊凉风，深宫鸣蟋蟀。
严霜被琼树，芙蓉凋素质。
可怜千里草，萎落无颜色。
孔雀蒲桃锦，亲自红女织。
殊方初云献，知破万家室。
瑟瑟大秦珠，珊瑚高八尺。
割之施精蓝，千佛庄严饰。
持来付一炬，泉路谁能识？
红颜尚焦土，百万无容惜。
小臣助长号，赐衣或一袭。
只愁许史辈，急泪难时得。
从官进哀诔，黄纸抄名入。
流涕卢郎才，咨嗟谢生笔。
尚方列珍膳，天厨供玉粒。
官家未解菜，对案不能食。
黑衣召志公，白马驮罗什。
焚香内道场，广座楞伽译。
资彼象教恩，轻我人王力。
微闻金鸡诏，亦由玉妃出。
高原营寝庙，近野开陵邑。
南望仓舒坟，掩面添凄恻。
戒言秣我马，遨游凌八极。

八极何茫茫，曰往清凉山。
此山蓄灵异，浩气供屈盘。
能蓄太古雪，一洗天地颜。
日驭有不到，缥缈风云寒。
世尊昔示现，说法同阿难。
讲树耸千尺，摇落青琅玕。
诸天过峰头，绛节乘银鸾。
一笑偶下谪，脱却芙蓉冠。
游戏登琼楼，窈窕垂云鬟。
三世俄去来，任作优昙看。
名山初望幸，衔命释道安。
预从最高顶，洒扫七佛坛。
灵境乃杳绝，扪葛劳跻攀。
路尽逢一峰，杰阁围朱阑。
中坐一天人，吐气如栴檀。
寄语汉皇帝，何苦留人间？
烟岚倏灭没，流水空潺湲。
回首长安城，缁素惨不欢。
房星竟未动，天降白玉棺。
惜哉善财洞，未得夸迎銮。
惟有大道心，与石永不刊。
以此护金轮，法海无波澜。

尝闻穆天子，六飞骋万里。
仙人觞瑶池，白云出杯底。
远驾求长生，逐日过濛汜。
盛姬病不救，挥鞭哭弱水。

汉皇好神仙，妻子思脱屣。
东巡并西幸，离宫宿罗绮。
宠夺长门陈，恩盛倾城李。
秾华即修夜，痛入哀蝉诔。
苦无不死方，得令昭阳起。
晚抱甘泉病，遽下轮台悔。
萧萧茂陵树，残碑泣风雨。
天地有此山，苍崖阅兴毁。
我佛施津梁，层台簇莲蕊。
龙象居虚空，下界闻门蚁。
乘时方救物，生民难其已。
淡泊心无为，怡神在玉几。
长在兢业心，了彼清净理。
羊车希复幸，牛山窃所鄙。
纵洒苍梧泪，莫卖西陵履。
持此礼觉王，贤圣总一轨。
道参无生妙，功谢有为耻。
色空两不住，收拾宗风里。

四诗中，程笺之涉本事者，第一首“王母携双成”一联下云：“双成用姓。”第二首“可怜千里草”一联下云：“千里草用姓。妃薨于顺治十七年七月七日。”末联“驾言秣我马，遨游凌八极”下云：“《尧峰文钞》：每岁驾幸南海子，必累月。是冬驻跸才数日。”第三首无本事笺。第四首之末云：“题曰赞佛。大意如此。”

程笺四诗，涉本事者本甚少。其中言妃薨于十七年七月七日，则已大误。程盖见梅村诗中有七夕即喜一题，亦言宫廷中事，误以为与妃薨有关，此俟彼诗重笺再论。今所辨者董妃之薨日也。

《东华录》：顺治十七年八月壬寅，“皇贵妃董鄂氏薨，辍朝五日”。是月朔为甲申，壬寅乃十九日，后二日甲辰。《东华录》云：“谕礼部，皇贵妃董鄂氏于八月十九日薨逝，奉圣母皇太后谕旨：‘皇贵妃佐理内政有年，淑德彰闻，宫闱式化，倏尔薨逝，予心深为痛悼，宜追封为皇后，以示褒崇。’朕仰承慈谕，特用追封，加之谥号，谥曰：‘孝献庄和至德宣仁温惠端敬皇后’。其应行典礼，尔部详察速议具奏。

然则妃不薨于七夕，程氏以意为说，并无疑揣之辞，未免武断。

《尧峰文钞》语，见汪氏《世祖章皇帝挽诗》二首诗注。

汪诗云：“已致升平胙，兼高孝治名。弥留念文母，仓卒托阿衡。寝殿陈龙辅，离宫彻翠旌。犹传罪己诏，呜咽走苍生。”文母句注，“谓昭圣皇太后”。

其二云：“南苑停调马，东邦罢贡鹰。车书方正统，弓剑忽遐升。玉几嗟空设，鸾舆忆旧乘。苍茫哀痛日，大誓复金滕。”南苑句注，即程笺吴诗所引。东邦句注，“诏罢高丽贡。”“大誓句注，“时辅臣率百官，誓于大光明殿”。

钝翁此诗，多本时政及遗诏，无可拟议。惟直谓挽诗，当时原无行遁等谬说也。

今就吴诗本文重绎之。第一首先从五台山说起，而以金莲花叶同根映发，引起董妃，喻其承恩缱绻。即以五台赞佛为本题，而董妃入宫，转用五台金莲起兴，词人之笔，绾合有情。中间敷陈董妃恩遇，后半忽插入乐极生哀之预言，其事有无，不必泥，要以此起董妃之夭亡，即为第二首之前引，是诗家之笔阵也。第二首入董妃之薨，蟋蟀凉风，其时令亦本不似新秋七夕。妃薨之后，杂焚珍宝，即张青琊所记之小丢纸、大丢纸。其次言上意视小臣能助哀者有赏，否则获谴，用宋孝武殷贵妃丧，刘德愿、羊志等奉诏哀哭事，颇讥世祖。据张青琊记，盖实有此事。记有云：“先是内大臣命妇哭临不哀者议处，皇太后力解乃已。”孝陵开创英辟，为内嬖所蛊，有此瞀罔哲妇之可畏如此。更录张记如下：

端敬皇后丧，命诸大臣议谥。先拟四字不允，而六字、八字、十字而止，犹以无“天圣”二字为歉。命胡、王二学士排纂后所著语录，其书秘，不得而传。举殡，命八旗官二三品者轮次舁柩，与舁者皆言其重。票本用蓝墨，自八月至十二月尽，乃易朱。先是内大臣命妇哭临不哀者议处，皇太后力解乃已。

记所云云，自是事实。据八月甲辰谕，所加端敬皇后谥号，除“端敬”二字，为皇后上应有之识别，其谥则为“孝献庄和至德宣仁温惠”十字，犹以无“天圣”二字为歉。历代嫡后皆有“承天辅圣”等字，非嫡而子为帝者，有“育圣”等字，端敬既不以嫡论，亦不得以子嗣帝位而得一“圣”字，是诚歉矣。胡、王二学士，胡者胡兆龙，王即王熙，皆当时学士。胡又即张记所云山阴学士也。二学士之《端敬后语录》，时已秘而不传，语录当是禅宗语，决非道学家之语录。金之俊《金文通集》，有奉敕撰《端敬皇后传》一巨册，今所行《文通集》多无此册，天津图书馆所储《文通集》有之，昔年故友沈子肃为抄一册见贻，惜今不在行箧。旗员二三品者皆舁柩，以柩重为献谀之辞，人主有所蔽，所得之忠爱，皆极可笑。票本用蓝墨，青琊时在内阁，固其身历之事。又世宗谕旨推尊玉林国师，并其弟子茆溪森，而又斥玉林弟子行峰。

谕云：“惟有骨岩行峰者，玉林琇之弟子也。曾随本师入京，因作《侍香纪略》一册，以记恩遇。其中荒唐诞妄之处，不可枚举。如云：‘端敬皇后崩，茆溪森于宫中奉旨开堂，且劝朝廷免殉葬多人之死’等语，我朝并无以人殉葬之事，不知此语从何而来?”云云。

世宗此谕，并将《侍香纪略》查毁，行峰削去支派，徒众永远不许复入祖庭。今因此谕，弥信董妃之不用殉葬，正得力于茆溪、行峰之言必可据。且世宗言我朝并无以人殉葬之事，则《武皇帝实录》太祖之丧，即由太宗及诸贝勒强逼后为摄政王之睿王多尔衮母为殉。乾隆间所改之《太祖实录》乃隐之。此犹曰未入关时事，世祖之丧，更以贞妃为殉，贞妃即端敬后之从妹，或者亦太后恶端敬而逼其妹以死之，如孝烈武皇后之比，亦未可知。诗又言广进哀诔，青琊所撰一联，即其中之一。禁中大作佛事，则《侍香纪略》可证。诗又言赦诏亦传言由妃之故。

《东华录》顺治十七年十一月壬子朔谕刑部：

> 朕览朝审招册，待决之囚甚众，虽各犯自罹法网，国宪难宽，但朕思人命至重，概行正法，于心不忍。明年岁次辛丑，值皇太后本命年，普天同庆。又念端敬皇后弥留时，谆谆以矜恤秋决为言，朕是以体上天好生之德，特沛解网之仁。见在监候各犯，概从减等，使之创艾省改，称朕刑期无刑，嘉与海内维新之意。尔部即会同法司，将各犯比照减等例，定拟罪名，开具简明招册具奏。

据此谕，则减刑明言从端敬后弥留之属，然则为后生人以求冥福耳。先以皇太后本命为言，本命云者，太后丑年生，肖属牛，至辛丑亦牛年也。盖孝庄文皇后于康熙二十六年丁卯崩，寿七十五，上推生年，为明万历四十一年癸丑，至顺治十八年辛丑四十九岁。夫以本命年为普天同庆，世无其例，无非为端敬肆赦，强加太后作一口实。诗言“微闻金鸡诏，亦由玉妃出”，略作传疑之词，诗人之忠厚耳。诗又言营庙、开陵二事，营庙事所必有，今已不见著录。开陵即世祖后葬之孝陵，世祖有二后合葬，一端敬，二为圣祖生母孝康。其废后以后所立之嫡后不祔，别为孝东陵。

仓舒坟者，以魏武帝子邓哀王比端敬子荣亲王。荣亲王生甫百余日而殇，名尚未命，本不得有王封，为端敬而特封之，是为皇四子。圣祖则皇三子也。《东华录》：顺治十四年十月丙子，“皇第四子生”。十五年正月己未，“皇第四子薨”，盖百零四日。三月甲子，“上以皇子生甫四月而薨，悼之，追封为和硕荣亲王”。四月辛巳，“礼部奏：和硕荣亲王坟园圈丈地内，所有寺庙坟墓，宜令迁移。得旨，民间年久坟墓，及供奉神佛之寺庙僧道等，为朕稚子建立寝园之故，俱令迁移，朕心实为不忍。况群黎百姓，莫非朕之赤子，所有坟墓寺庙，不必迁移，仍著照旧存留。礼部尚书恩格德可作速前往，将荣亲王新园附近坟主眷属，并寺庙僧道等，传集晓谕，俾知朕体恤民隐之至意”。此即诗所谓“仓舒坟”也。百日未命名之儿，乃有陵园，至圈地括有坟墓寺庙等所在，此岂历代帝王殇子所有？惟不令迁移一谕，犹有英主一线之本觉耳。末联秣马遨游，起下第三首将往五台礼佛。

第三首正叙清凉山灵境为仙佛所往来，宜为礼佛荐亡之地，既命高僧若道安者预备佛坛，忽托言天人传语，帝已不得久留人世；下即叙长安惨象，是世祖未出都而崩也。房星未动，房为天驷，言未启跸。天降玉棺，借用王乔事谐韵，非帝者之故事。洞未迎銮，道心故在，是以永护金轮，此则明言世祖本将幸五台，忽然殂落，则行遁之说，梅村早未为此讹言，不知后人读吴诗，何以只见为迷离惝恍，而反作异说与诗相牴牾也？

第四首用周穆、汉武帝留情于内宠之事，以明礼佛之由来。大命忽倾，轮台自悔，正指遗诏自责各款。又归功于我佛，谓牖启帝衷，未始非佛。凭几之命，利及生民，所谓以兢业心，了清净理。菊裳先生所疑者，无可疑也。晋武羊车之幸已稀，齐景牛山，期古而无死之乐，知其可鄙，虽有二妃，无心于分香卖履，则谓遗诏中并以端敬之丧逾侈自责也。末皆归功于佛，谓礼佛之一念，已致此向道回善之功，收拾色空，宗风不坠，是之谓赞佛。

程氏似亦见及此。

《赞佛诗》既重笺矣，同时吴诗之涉此，或程笺之误指其本事者，今并笺之如次。

《七夕即事》，程编在顺治十七年庚子，笺云："顺治十七年七月，皇贵妃董氏薨逝，即端敬皇后也。是年，贵妃先丧皇子。此诗前三首志其入宫之事，末章为帝子伤逝。"诗云：

羽扇西王母，云軿薛夜来。
针神天上落，槎客日边回。
鹊渚星桥迥，羊车水殿开。
只今汉武帝，新起集灵台。
今夜天孙锦，重将聘洛神。
黄金装钿合，宝马立文茵。
刻石昆明水，停梭结绮春。
沉香亭畔语，不数戚夫人。
仙醖陈瓜果，天衣曝绮罗。
高台吹玉笛，复道入银河。
曼倩诙谐笑，延年宛转歌。
江南新乐府，齐唱夜如何。
花萼高楼迥，岐王共辇游。
淮南丹未熟，缑岭树先秋。
诏罢骊山宴，恩深汉绪愁。
伤心长枕被，无意候牵牛。

程笺吴诗，以此笺为最谬。董妃死于八月十九，非七月，已见前。程于《赞佛诗》笺，谓妃死于七月七日，而此《七夕即事》，在程意以为即妃死之日事。乃诗既云即事，并不言妃死，而反误称其入宫承宠，则即事之谓何？又言是年先丧皇子，妃子荣亲王丧于顺治十五年正月二十四日，实录有明文。又言末章为帝子伤逝，以妃死之日，止用四首中之末首伤其子之逝，已与题指不合，且所伤逝之帝子，一则用花萼楼事，再则比以岐王，三则抚长枕被而生怜，皆伤帝之兄弟，何得牵入贵妃殇子第四子！全首语气，岂是百日而殇之帝子光景？百日而殇，可登花萼楼乎？可共辇游乎？可比于淮南、缑岭乎？可与共长枕大被乎？又况即事云者，即日之事也。十七年梅村久已出都，是秋方在家居，八月则至无锡。诗有《庚子八月访同年吴永调于锡山》一题。梅村以十三年忧归，遂不复出。十七年之七夕，既不在京，何能咏宫中即日之事？若在外得京中信，追咏其日之事，即不得云即事矣。余以为此十三年七夕梅村在京之诗也。董妃以十三年八月册为贤妃，十二月晋皇贵妃，盖本拟七月七日行册礼，以世祖弟襄亲王博穆博果尔之丧，暂停，梅村正咏其事。后仍于八月册立。梅村以宫中恩宠，盛指七夕为期，而会有弟丧，无复待牵牛者，谓不行册礼也。《东华录》：顺治十三年七月己酉，“和硕襄亲王博穆博果尔薨，年十六”。按襄亲王为太宗第十一子，世祖则第九子也。董妃拟以七夕册为贤妃，此虽想当然语，但按其他时日，颇相合。若程笺则无一而可通也。

吴诗又有《七夕感事》，程笺云：“题旨同前。”余亦以为不然，此自感己事耳。但因宫中事而感己之事，梅村于七夕之日，必有失一所眷者。故其诗云：“天上人间总玉京，今年牛女倍分明。画图红粉深宫恨，砧杵金闺瘴海情。南国绿珠辞故主，北邙黄鸟送倾城。凭君试问雕陵鹊，一种银河风浪生。”

首并言天上人间，三天上，四人间，五六所感之本事。雕陵之樊，其鹊为人间之鹊，而风浪之生，则与银河为同类。天上之七夕，因故稽其美满，人间则绿珠已辞故主，黄鸟且送倾城，风浪均矣。

吴诗有《诗史有感》八首，程笺云：“与清凉山四首参看。”程亦但如叶菊裳所见，迷离惝恍而已，不能指其事也。今补释之。其诗曰：

弹罢熏弦便薤歌，南巡翻似为湘娥。
当时早命云中驾，谁哭苍梧泪点多？
重壁台前八骏蹄，歌残黄竹日轮西。
君王纵有长生术，忍向瑶池不并栖。
昭阳甲帐影婵娟，惭愧恩深未敢前。
催道汉皇天上好，从容恐杀李延年。
茂陵芳草惜罗裙，青鸟殷勤日暮云。
从此相如羞薄倖，锦衾长守卓文君。
玉靶轻弓月样开，六宫走动射雕才。
黄山院里长生鹿，曾驾昭仪翠辇来。
为掣琼窗九子铃，君王晨起婕妤醒。
长杨猎罢离宫闭，放去天边玉海青。
上林花落在芳尊，不死铅华只死恩。
金屋有人空老大，任他无事拭啼痕。
铜雀空施六尺床，玉鱼银海自茫茫。
不如先拂西陵枕，扶下君王到便房。

此诗当咏殉葬之董鄂贞妃。首言帝之崩翻似为妃之死，此即后来附会行遁之意。一董妃死而帝崩，帝崩而又一董妃殉，若使帝先逝，而两董妃不知孰殉之急切也？第二首言非殉不可。第三首言不殉且有门户之忧。此余前所言贞妃之殉，或亦如多尔衮之母，有所迫也。董鄂氏之奇宠，世祖之滥恩，若使荣亲王不殇，端敬不夭，母爱子抱，神器恐非圣祖所能有。其为亲贵侧目，历观前举各节，已自可知。世祖元后之被废，或尚未与端敬之宠有关，继后之不当上指，则明由董鄂。

《清史稿·孝惠后传》:

> 孝惠章皇后博尔济吉特氏，科尔沁贝勒绰尔济女。顺治十一年五月，聘为妃。六月，册为后。贵妃董鄂氏方幸，后又不当上旨。十五年正月，皇太后不豫，上责后礼节疏阙，命停应进中宫笺表，下诸王贝勒大臣议行。

据此，则董鄂氏必为孝惠所不喜。圣祖即位之后，孝惠已为皇太后矣。孝惠之父绰尔济，又为世祖生母孝庄后亲侄，孝庄在世祖时为太后，世祖崩时，大计多所禀定，康熙时为太皇太后，圣祖孝养备至。又世祖废后亦为孝庄后之亲侄，纵被废尚在董鄂入宫之前，然历年屏处侧宫，日益消沉，而董鄂日益煊赫，人情对此若何。端敬既死，推世祖之爱，董鄂一宗未有翻覆，然未必非贞妃一殉，有以维系之。梅村此诗，大可味也。四五两首，当是端敬薨后，世祖推董鄂旧恩于贞妃。六首世祖不豫至晏驾时情状。七首身殉而仍回顾废后。八首决殉，情事了然矣。贞妃殉事已见前录张宸记中。《清史稿·贞妃传》附《端敬传》，别见后。《东华录》顺治十八年，圣祖即位以后，有褒封贞妃之谕，此殆董鄂所以保全。

《实录》云：二月壬辰，谕礼部："皇考大行皇帝御宇时，妃董鄂氏，赋性温良，恪共内职。当皇考上宾之日，感恩遇之素深，克尽哀痛，遂尔薨逝。芳烈难泯，典礼宜崇，特进名封，以昭淑德。追封为贞妃，所有应行礼仪，尔部详例具奏。"此董鄂贞妃之在《实录》者也。

世祖妃出董鄂氏者盖有三人。其有子者为宁悫妃。兹录《清史稿·世祖诸妃传》如次：

> 淑惠妃，博尔济吉特氏，孝惠皇后妹也。顺治十一年，

册为妃。康熙十二年，尊封皇考淑惠妃。妃最老寿，以五十二年十月薨。同时尊封者，浩齐特博尔济吉特氏，为恭靖妃；阿霸垓博尔济吉特氏，为端顺妃。皆无所出。栋鄂氏为宁悫妃，在世祖时号庶妃，子一福全。又恪妃石氏，滦州人，吏部侍郎申女，世祖尝选汉官女备六宫，妃与焉，居永寿宫，康熙六年薨，圣祖追封皇考恪妃。又在三妃前，世祖庶妃有子女者又有八人：穆克图氏，子承幹，八岁殇；巴氏，子钮钮，为世祖长子，二岁殇，女二，一六岁殇，一七岁殇；陈氏，子一常宁；唐氏，子一奇授，七岁殇；钮氏，子一隆禧；杨氏，女一，下嫁纳尔杜；乌苏氏，女一，八岁殇；纳喇氏，女一，五岁殇。

按：福全封裕亲王，为大将军，圣祖兄也。

《清史稿·后妃传》：

孝献皇后栋鄂氏，内大臣鄂硕女。年十八，入侍。上眷之特厚，宠冠后宫。十三年八月，立为贤妃。十二月，进皇贵妃，行册立礼，颁赦，上皇太后徽号。鄂硕本以军功授一等精奇尼哈番，进三等伯。十七年八月薨，上辍朝五日，追谥“孝献庄和至德宣仁温惠端敬皇后”。上亲制行状，略曰：“后婉静循礼，事皇太后，奉养甚至，左右趋走，皇太后安之。事朕晨夕候兴居，视饮食服御，曲体罔不悉。朕返跸晏，必迎问寒暑，意少却，则曰：‘陛下归晚，体得毋倦耶？’趣具餐躬进之。命共餐则辞。朕值庆典，举数觞，必诫侍者。室无过燠，中夜眷眷起视。朕省封事，夜分未尝不侍侧。诸曹循例章报，朕辄置之，后曰：‘此虽奉行成法，安知无当更张，或有他故，奈何忽之’。令同阅，起谢不敢干政。览廷谳疏，握笔未忍下，后问是疏安所云，朕谕之，则泣曰：‘诸辟皆愚无知，岂尽无冤，宜求可矜宥者全活之’。大臣偶得罪，朕或不乐，后辄请霁威详察。朕偶免朝，则谏毋倦勤。日讲后，与言章句大义，辄喜。偶遗忘，则谏当服膺默识。搜狩亲骑射，则谏：‘毋以万邦仰庇之身，轻于驰骤。’偶有未称旨，朕或加谯让，始犹自明无过，及闻姜后脱簪事，即有宜辨者，但引咎自责而已。后至节俭，不用金玉。诵《四书》及《易》，已卒业。习书未久即精。朕喻以禅学参究，若有所省。后初病，皇太后使问安否，必对曰：‘安。’疾甚，朕及今后、诸妃、嫔环视之，后曰：‘吾殆将不起，此中澄定亦无苦，独不及酬皇太后暨陛下恩万一。妾殁，陛下宜自爱。惟皇太后必伤悼，奈何？’既又令以诸王赙施贫乏，复属左右，毋以珍丽物敛。殁后，皇太后哀之甚。”

行状数千言。又命大学士金之俊别作传。是岁，命秋谳停决，从后志也。时鄂硕已前卒，后父罗硕，授一等阿思哈尼哈番。及上崩，遗诏以后丧祭逾礼为罪己之一。康熙二年，合葬孝陵，主不祔庙，岁时配食飨殿。子一，生三月而殇，未命名。贞妃栋鄂氏，一等阿达哈哈番巴度女，殉世祖，圣祖追封为皇考贞妃。

《清史稿·鄂硕传》：

鄂硕，栋鄂氏，满洲正白旗人。棆布，太祖时率四百人来归，赐名鲁克素。子锡罕，授世职备御。天聪初从伐朝鲜战殁。鄂硕，锡罕子也。太宗以锡罕死事，进世职游击，以鄂硕袭。八年，从贝勒多铎伐明，攻前屯卫，斩逻卒，又从噶布什贤噶喇依、昂邦劳萨，率将士迎察哈尔部来归者，授牛录额真。九年，招察哈尔部伐明，自朔州至崞县，斩逻卒。自平鲁卫出边，明兵邀战，鄂硕与固山额真图尔格击却之，进世职二等甲喇章京，擢巴牙喇甲喇章京。崇德元年，与劳萨将百人侦明边，至冷口，斩逻卒，得马十五。二年，护甲喇额真丹岱等，与土默特互市，赴归化城，斩明逻卒。三年，从睿亲王多尔衮伐明，自青山口入边，击败明太监高起潜兵。四年，与噶布什贤章京沙尔虎达，将土默特三百略宁远。挑战，明兵坚壁不出，得其樵采者以还。五年，从围锦州，以噶布什贤兵败敌骑，明总督洪承畴赴援，上营松山、杏山间，命吴拜等以偏师营高桥东，鄂硕鐍明兵自杏山溃出，告吴拜，吴拜未进击，明兵复入城，上以鄂硕不亲击，责之。六年，复围锦州，分兵略宁远，遇明兵六百骑，击破之，得人二，马六十余。七年，从伐明，自界岭口入边，败明总督范志完军于丰润。明兵自密云出劫我辎重，奋击却之，遂越明都趋山东。师出边，明总兵吴三桂邀战，复击之溃归，斩数十级，得纛三，逻卒二十九，马二百余。顺治初，从入关，逐李自成至庆都，从豫亲王多铎讨之。自成据潼关，倚山为寨，鄂硕与噶布什贤噶喇依、昂邦努山攻拔之。二年，移师南征，鄂硕将噶布什贤兵先驱，至睢宁，败明兵，从端重亲王博洛下苏州，击明巡抚杨文骢舟师，得战船二十五。趋杭州，败明鲁王以海兵，获总兵一。复与巴牙喇纛章京哈宁阿克湖州，世职累进二等阿思哈尼哈番。六年，擢镶白旗满洲梅勒额真，从郑亲王济尔哈朗征湖广，师还，赉白金三百。八年，授巴牙喇纛章京。十三年，擢内大臣，世职累进一等精奇尼哈番。十四年，以其女册封皇贵妃，进三等伯。十四年卒，赠三等侯，谥“刚毅”。

子费扬古，自有传。罗硕，鄂硕兄也。初授刑部理事官。从入关，擢甲喇额真。顺治六年，姜缐叛命，梅勒额真卦喇驻军太原，壤遣兵陷清源，与卦喇分道击之，缐兵弃城走，斩五千余级。壤遣兵犯太原，从端重亲王博洛破贼垒，斩万余级。其徒围绛州，扰浮山，迭战胜之。八年，擢工部侍郎，进世职三等阿思哈尼哈番。九年，从征湖南失利，夺官降世职，寻授大理寺卿。十七年，以从女追册端敬皇后，授一等阿思哈尼哈番。康熙四年卒。鄂尔多，罗硕孙，初授侍卫，累迁至侍郎，历户、刑二部，授内务府总管，擢尚书，历兵、户、吏三部。卒谥“敏恪”。

董鄂在明为毛怜卫地，与清之先同为建州部，而与建州卫李满住为亲。至和何哩，以董鄂部长归太祖，尚主为额驸，为清开国功臣。董鄂实“佟家”之转音，所居为佟家江，故名。其先殆与清之先俱本佟姓。清乾嘉间，尚书铁保本栋鄂氏，而自考其族谱实为赵姓，宋神宗子越王偲之裔，此则未可详究。清国史《鄂硕传》，早可考见为端敬后之父，至《清史稿》并详其世交罗硕，盖据《满洲氏族谱》所载。栋鄂即董鄂，《明实录》中作“东古”或“冬古”，清初《实录》作“东果”，顺治间作董鄂，遂以端敬盛名。为当时文人，以董姓故事缘饰为词藻，岂惟梅村，若陈其年诗“董承娇女拜充华”，亦指此事也。二百年后，更以冒氏妾董小宛强附会之，初不审小宛之盛，尚在明代，今为详端敬家世，更可息异喙矣。端敬弟费扬古，康熙间平定噶尔丹有大功，别封一等公，不复以外戚取贵重，士大夫多为文颂其勋绩，见诸家文集中，反无人言其与端敬后关系矣。

吴诗又有《古意》六首，程氏无笺。余以为亦咏世祖宫中事。其诗云：

争传婺女嫁天孙，才过银河拭泪痕。
但得大家千万岁，此生那得恨长门。
豆蔻梢头二月红，十三初入万年宫。
可怜同望西陵哭，不在分香卖履中。
从猎陈仓怯马蹄，玉鞍扶上却东西。

一经辇道生秋草，说着长杨路总迷。
玉颜憔悴几经秋，薄命无言只泪流。
手把定情金合子，九原相见尚低头。
银海居然妒女津，南山仍锢慎夫人。
君王自有他生约，此去惟应礼玉真。
珍珠十斛买琵琶，金谷堂深护绛纱。
掌上珊瑚怜不得，却教移作上阳花。

此为世祖废后作也。第一首言立为后不久即废，而世祖亦不永年，措辞忠厚，是诗人之笔。第二首言最早作配帝主，至帝崩时，尚幽居别宫，退称妃号，而不预送终之事。第三首言初亦承恩，不堪回首，后本慧丽，以嗜奢而妒失指，则其始当非一见生憎也。第四首言被废多年，世祖至死不回意。第五首第一句言生不同室，第二句言死不同穴，慎夫人以况端敬，端敬直死后永承恩念，废后一无他望。第六首则可疑，若非董小宛与世祖年不相当，几令人思冒氏爱宠旋纳宫中，为或有之事矣。

余意此可有二说：一是或废后非卓礼克图亲王之亲女，当摄政王为世祖聘定之时，由侍女作亲女入选，以故世祖恶摄政王而并及此事，决意废之。二是或端敬实出废后家，由侍媵入宫，盖废后家世贵，太宗之嫡后孝端后，为废后之祖姑，世祖生母孝庄后，为废后之姑，太宗最宠之关雎宫宸妃，亦废后之姑（即孝庄之姊），宸妃之得宠于太宗，几与端敬之于世祖相埒。太宗方攻锦州，洪承畴、祖大寿辈力拒，久不克，太宗闻妃病即回沈阳，置万急之军事由诸贝勒承之，至则妃已薨，太宗恸至迷惘，自午至酉始复常，自悔其轻视王业，颇自刻责，然悲悼不已，屡见《实录》，由此见废后家由太宗以来之戚谊。董鄂虽有从征功，其骤贵在顺治十三年端敬为妃以后，端敬之或先入废后家为侍媵，非不可有之事。录《废后传》如次，录《废后传》之先，且先详废后家世。

太宗孝端文皇后，博尔济吉特氏，科尔沁贝勒莽古思女。明万历四十二年甲寅四月，太祖命太宗亲迎成礼。越二十三年，崇德元年，即明崇祯九年，太宗建尊号，后亦正位中宫。二年，追封莽古思和硕福亲王。太宗孝庄文皇后，本庄妃，生世祖，尊为后，莽古思子宰桑女。世祖即位，追赠宰桑和硕忠亲王。崇德元年，立“卓哩克图亲王”爵，以宰桑子乌克善为“第一世卓哩克图亲王”。乌克善即废后之父。自莽古思以来，已三世为后父矣。宰桑又一子满珠习礼，为乌克善之弟，由“科尔沁镇国公”进爵为“达尔汉巴图鲁亲王”。其子绰尔济，为世祖继后孝惠后之父。孝惠后于顺治十一年被聘定为妃，六月立为后，时尚未有端敬承宠，疑端敬随孝惠入宫，孝惠为废后侄，则孝惠之侍媵，亦废后家侍儿也。

《清史稿·后妃传》：

> 世祖废后博尔济吉特氏，科尔沁卓礼克图亲王吴克善女，孝庄文皇后侄也。后丽而慧，睿亲王多尔衮摄政，为世祖聘焉。顺治八年八月，册为皇后。上好简朴，后则嗜奢侈，又妒，积与上忤。十年八月，上命大学士冯铨等，上前代废后故事。铨等疏谏。上严拒，谕以无能故当废，责诸臣沽名。即日奏皇太后，降后为静妃，改居侧宫。下礼部，礼部尚书胡世安，侍郎吕崇、高珩疏请慎重详审。礼部员外郎孔允樾，及御史宗敦一、潘朝选、陈棐、纪椿、杜果、聂玟、张嘉、李敬、刘秉政、陈自德、祖永杰、高尔位、白尚登、祖建明，各具疏力争。允樾言尤切，略言：“皇后正位三年，未闻失德，特以无能二字定废嫡之案，何以服皇后之心？何以服天下后世之心？君后犹父母，父欲出母，即心知母过，犹涕泣以谏，况不知母过何事，安忍缄口而不为母请命？”上命诸王贝勒大

臣集议。议仍以皇后位中宫，而别立东西两宫。上不许，令再议，并责允禨复奏。允禨上疏引罪，诸王大臣再议，请从上指，于是后竟废。

董小宛考实

清世祖出家之说，世颇有传者。其时董鄂贵妃之故后承恩，具在国史。时人因董鄂之译音，定用此二字，遂颇用董氏故事影射之。陈迦陵之所谓董承娇女也，吴梅村《清凉山赞佛诗》之所谓千里草也，双成也，皆指董鄂事，何必另于疑似之间，强指他人而代之，又何必于凡姓董之人中，牵及冒氏侍姬之董小宛。事之可怪，无逾于此。

凡作小说，劈空结撰可也，倒乱史事，殊伤道德。即或比附史事，加以色泽，或并穿插其间，世间亦自有此一体。然不应将无作有，以流言掩实事，止可以其事本属离奇，而用文笔加甚之，不得节外生枝，纯用指鹿为马方法，对历史上肆无忌惮，毁记载之信用。事关公德，不可不辨也。

董小宛之殁也，在顺治八年辛卯之正月初二日，得年二十有八。盖生于明天启四年甲子，是为清太祖天命九年，国号后金，未定名为清也。越十四年，为明崇祯十一年戊寅，清太宗于是年之前二年改元崇德，始建国号曰清，于此为崇德三年，正月三十日戌时，世祖始生，而小宛已十五岁。

陈其年《湖海楼诗·寿冒巢民先生七十》云："先生庚子届五鄣，我适来捧金屈卮。娄东作序字碗大，研缭绫上蟠蛟螭。十年庚戌再祝嘏，合肥夫子为之词。花前秃笔扫屏嶂，酒痕墨沈交淋漓。今春庚申又七十，佳郎赌著斑斓嬉。"据此，则巢民生于明万历三十九年辛亥，至顺治十七年庚子为五十，康熙九年庚戌为六十，康熙十九年庚申为七十也。庚申之前一年己未，为清代第一次开鸿博科，其年以是年入翰林。巢民之五十寿言，出吴梅村手；六十寿言，出龚芝麓手；七十寿言，乃出其年手，正其年入翰林之次年也。梅村寿文，今见集中。巢民至八十三而终，八十寿言，出韩元少手，亦见《有怀堂集》。

由庚子上推顺治七年庚寅，为巢民之四十岁。巢民忆小宛之情词，具在《影梅庵忆语》。

《忆语》云:“客春三月，欲长去盐官，访患难相恤诸友。至邗上，为同社所淹，时余正四十，诸名流咸为赋诗。龚奉常独谱姬始末，成数千言，《帝京篇》《连昌宫》不足比拟。奉常云:‘子不自注，则余苦心不见，如“桃花瘦尽春醒面”七字，绾合己卯醉晤、壬午病晤两番光景，谁则知者?’余时应之，未即下笔”云云。又曰:“讵谓我侑卮之辞，乃姬誓墓之状耶?读余此杂述，当知诸公之诗之妙，而去春不注奉常诗，盖至迟之今日，当以血泪和喻麋也。”云云。

据此，则巢民之作《忆语》，在庚寅四十初度之明年，为顺治八年辛卯。

奉常诗全篇，见《定山堂集》中，题云《金阊行为辟疆赋》。诗云:

暮春柳花吹雪香，故人坐我芙蓉堂。
酒酣烛跋诗思歇，欲言不言还进觞。
共请故人陈夙昔，十年前作金阊客。
朱弦锦瑟正当楼，妙舞清歌恒接席。
是时江左犹清平，吴趋美人争知名。
珊瑚为鞭紫骝马，嫣然一笑逢倾城。
虎邱明月鸳鸯桨，经岁烟波独来往。

茶香深夕玉纤纤，隋珠已入秦箫掌。
窦霍骄奢势绝伦，雕笼翡翠可怜身。
至今响屧廊前水，犹怨苎萝溪上春。
临风惆怅无人见，双成烟雾回鸾扇。
绮阁青灯伴药炉，桃花瘦尽春酲面。
横塘风好不回船，锲臂缘深子夜前。
促坐已交连理树，同心宁学独枝莲。
桃叶渡江还用楫，龙舟锦缆开欢靥。
孙刘事去水汤汤，金焦两点飞蝴蝶。
登山临水送将归，裛粉亲沾游子衣。
木刻斑骓人独去，啼憎乌桕手难挥。
憔悴空闺衣带缓，刀环梦逐征鸿断。
桂华清露碧成团，鸣榔到日秋光满。
乍离乍合事无端，不赠当归赠合欢。
侠骨自能轻远道，长思不待祝加餐。
尔时结交多畏友，正色相规言不苟。
幡然意气重金钗，急之勿失真佳偶。
片帆东下舞衣斑，又载明珠江上还。
风雨熟经扬子渡，车轮长转望夫山。
殷勤为信玄霜约，四海肝肠谁可托。
翩然一片有心人，义重恩多沁香泽。
黄衫骢马此缘奇，玉镜台前鬓影移。
岂有鸾才堪浪掷，百年天意在蛾眉。
七宝装车九霞幔，支机星采摇银汉。
雍睦能调汾汭琴，幽贞对举梁鸿案。
南陔天壤乐难支，鸠杖相扶上寿时。
花竹一门封太古，始知佳妇似佳儿。
风尘动地人蓬转，潘鬓萧疏沈郎倦。

桃笙玉臂自支持，患难深情于此见。
牙签湘轴尽经营，余事文人标格清。
花里抽毫香博士，林中掠鬓女书生。
辟疆约略言如此，双颊津津犹未已。
黄鸡三唱晓缸青，浮白高歌送吾子。
忆君四十是明朝，清酒平原兴已饶。
一下缑山黄鹤背，扬州桥上听吹箫。
人生此日称强仕，萧然独著名山史。
柴桑岁月义熙余，薇蕨山川朴巢似。
餐霞吐玉剩风流，南岳西川万里游。
子安年少推才子，今日相逢未白头。
旗亭好句双鬟谱，寒食东风动人主。
羽猎长杨又一时，谁令英雄老歌舞。
尽道元方孝友偏，平生隐德梦中传。
板舆袨褐清门里，千尺松筠结大年。
更起为君酌一斗，神仙游戏藏花酒。
不须遥羡白云乡，栖乌各有长干柳。

此诗正巢民所云中有“桃花瘦尽春醒面”句，但并无数千言之多，盖侈言之也。结句芝麓自鸣得意，盖诩其亦有横波夫人，同为一时俊选，不须徒羡宛君，是时正龚与横波久羁吴越，将起复北上矣。

《忆语》又曰：“客岁新春二日，即为余抄选全唐五七言绝句上下二卷。是日，偶读七岁女子‘所嗟人异雁，不作一行归’之句，为之凄然下泪。至夜和成八绝，哀声怨响，不堪卒读。余挑灯一见，大为不怿，即夺之焚去，遂失其稿。伤哉异哉！今岁恰以是日长逝也”云云。所云“客岁”，即是庚寅。所云“今岁”，即是辛卯。新正二日长逝，其确证如此。

冒氏《同人集》寿文，有《陈维崧奉贺冒巢民老伯暨伯母苏孺人五十双寿序》，中云："孺人天性谨厚，知大义，视先生所爱之姬董，同于娣姒。姬殁而哭之恸，且令两儿白衣冠治丧焉，春秋祭祀不使绝"云云。

此序文不见于《湖海楼集》，当辑补迦陵轶文。其足证小宛之死，更无疑义。

《忆语》又云："姬在别室四月，荆人携之归。入门，吾母太恭人与荆人见而爱异之，加以殊眷。幼姑长姊尤珍重相亲，谓其德性举止均非常人。而姬之侍左右，服劳承旨，较婢妇有加无已。烹茗剥果，必手进；开眉解意，爬背喻痒。当大寒暑折胶铄金时，必拱立座隅，强之坐饮食，旋坐旋饮食，旋起执役，拱立如初。余每课两儿文，不称意，加夏楚，姬必督之，改削成章，庄书以进，至夜不懈。越九年，与荆人无一言枘凿，至于视众御下，慈让不遑，咸感其惠。余出入应酬之费，与荆人日用、金错泉布，皆出姬手。姬不私铢两，不爱积蓄，不制一宝粟钗钿。死能弥留，元旦次日，必欲求见老母，始瞑目，而一身之外，金珠红紫尽却之，不以殉，洵称异人"云云。此处又可证小宛之死，为元旦次日。巢民记其弥留之状，并记其殉物，此为夭死于家，绝无影响异词可供捃摭也。巢民之妇苏氏，与巢民同年。见梅村寿文。

小宛之年，各家言止二十七岁。既见于张明弼所作《小宛传》，又余淡心《板桥杂记》云："小宛事辟疆九年，年二十七，以劳瘁死。辟疆作《影梅庵忆语》二千四百言哭之。"张、余皆记小宛之年，淡心尤记其死因，为由于劳瘁，盖亦从《影梅庵忆语》中之词旨也。然据《忆语》，则当得年二十有八。

明崇祯十二年己卯，为清太宗崇德四年，南都乡试，巢民来秦淮，吴次尾、方密之、侯朝宗咸盛称小宛，巢民初未过访也。至下第后送其尊人入粤，乃至吴门，时小宛已移居吴，巢民与之相见于半塘，是为识面之始。是年小宛十六岁，清世祖则为二岁，巢民则为二十九岁。

己卯，应试南都，从吴、方、侯诸公闻小宛名，见张明弼所作传。《忆语》则云："己卯初夏，应试白门，晤密之，云秦淮佳丽，近有双成，年甚绮，才色为一时之冠。余访之，则以厌薄纷华，挈家去金阊矣。嗣下第浪游吴门，屡访之半塘，时逗留洞庭不返。名与姬颉颃者，有沙九畹、杨漪照。予日游两生间，独咫尺不见姬。将归棹，重往冀一见，姬母秀且贤，劳余曰：'君数来矣，予女幸在舍，薄醉未醒。'然稍停复他出，从花径扶姬于曲阑，与余晤。面晕浅春，缬眼流视，香姿玉色，神韵天然，懒慢不交一语。余惊爱之，惜其倦，遂别归。此良晤之始也，时姬年十六"云云。

据此，则小宛之年，当以巢民所自记者为信。若如张传余记之言，是年当止十五，否则当死于顺治七年庚寅，总之与《忆语》不合。故断为小宛死于二十八岁时也。

巢民有《和书云先生己巳夏寓桃叶渡口即事感怀原韵》诗一首。诗后长跋一首，中有云："至牧斋先生，以三千金同柳夫人为余放手作古押衙，送董姬相从，则壬午秋冬事。董姬十三离秦淮，居半塘六年，从牧斋先生游黄山，留新安三年，年十九归余"云云。

此段与《忆语》合，尤足证小宛归冒之年为十九岁，而顺治辛卯死时为二十八，不当从诸家作二十七也。书云先生为李宗孔，原唱见《同人集》。己巳为康熙二十七年，巢民已七十九岁，跋中述秦淮事实颇详。书云原作推巢民与牧斋、梅村、芝麓辈同擅风流，巢民乃独以风流教主属牧斋。谓梅村并非曲中熟客，于牧斋送董姬归冒时，饯于虎邱，梅村在座，仅能致艳羡，盖纯以门外汉称之。芝麓亦仅为横波，稍有留恋，并非久溷曲中者。惟己与定生、次尾，为庶几梦入游仙云云。小宛于崇祯壬午以前，从牧斋至新安，淹留至三年之久，固于此老香火缘不浅。又小宛以十三徙半塘，则在崇祯九年丙子，其间亦时至秦淮，故已卯应秋试，诸公争道双成。巢民过访，则已归半塘。其留新安三年，亦即在居半塘六年之内。牧斋至新安，在辛巳春，集中岁月可考。明年壬午春，小宛已归半塘，为与巢民订嫁娶之始。然则所云从牧斋先生游黄山，乃小宛已留新安之日，牧斋来而从之游，非偕往也。

巢民记与小宛相见情状如此，则张传所云“方、侯、吴诸公称小宛，而巢民不信，因不访小宛，小宛则时时从人问巢民，及半塘相见，连称巢民为异人异人。”皆未免过为妆点。

崇祯十五年壬午春，小宛病中再晤巢民，始有委身之意，暨从至南都乡试。九月七日榜发，巢民中副车。十月至润州，谒房师郑某，乃闻小宛归冒念切，生死以之。某刺史任黄衫押衙，而负累缪辖，事已决裂，旋得虞山钱牧斋闻讯而来，以大力斡旋，三日为之区画立尽。以十二月望送至如皋，巢民不敢白尊人，居之别室，四阅月乃归，盖在十六年癸未之春矣。是为小宛之以十九岁归于冒，二十岁始与大妇同居。时巢民为三十二至三十三岁，清世祖为五岁至六岁。清太宗以癸未殁，世祖六岁嗣位，明年改元顺治矣。

《忆语》云:“壬午仲春，都门政府言路诸公，恤劳人之劳，怜独子之苦，驰量移之耗，先报余。时正在毗陵，闻言，如石去心。因便过吴门慰陈姬，盖残冬屡趣余，未皆答。至则十日前复为窦霍门下客以势逼去。先，吴门有昵之者，集千人哗劫之；势家复为大言挟诈，又不惜数千金为贿，地方恐贻伊戚，劫出复纳入。余至，怅惘无极。然以急严亲患难，负一女子无憾也”云云。巢民当辛巳、壬午之间，昵陈姬，订嫁娶甚坚。自已卯晤小宛，彼此初无意也。此陈姬，在《忆语》中于辛巳早春相识，审其踪迹，当即陈圆圆。以无预小宛事，不赘。

又云:“是晚壹郁，因与友觅舟去虎缏夜游。明日遣人之襄阳，便解维归里。舟过一小桥，见一楼立水边，偶询游人，此何处，何人所居，友以双成馆对。余三年积念，不禁狂喜，即停舟相访。友阻云：‘彼亦为势家所惊，危病十有八日，母死，鐍户不见客。’余强之上，叩门至再三，始启户。灯火阒如，宛转登楼，则药饵满几榻。姬沉吟询何来，余告以‘昔年曲阑醉晤人。’姬忆，泪下曰：‘曩君屡过余，虽仅一见，余母恒背称君奇秀，谓余惜不共君盘桓。今三年矣，余母新死，见君忆母，言犹在耳。今从何处来？’便强起揭帷帐审视余，且移灯留坐榻上。谭有顷”云云。

此时情景，决其于己卯初见时，非有深契，益证张传之不免附会。所云势家，当即后父周奎。时思间田贵妃之宠，选色于吴，冀蛊思宗，圆圆去而小宛获免也。后吴三桂之得圆圆，即得之于周邸。至巢民之眷圆圆，更有记载可凭。

陈其年《妇人集》云：“姑苏女子圆圆，字畹芬，戾家女子也，色艺擅一时。如皋冒先生常言：‘妇人以姿致为主，色次之，碌碌双鬟，难其选也；蕙心纨质，淡秀天然，生平所觏，则独有圆圆耳。’”据此则巢民之倾倒于圆圆，少日风流可想矣。

又云：“壬午清和晦日，姬送余至北固山下，坚欲从渡江归里，余辞之力，益哀切不肯行，舟泊江边”云云。

又云：“偕登金山，时四五龙舟，冲波激荡而上”云云，此为壬午四五月间事。

又云：“登金山誓江流曰：‘妾此身如江水东下，断不复返吴门。’余变色拒绝，告以期逼科试，年来以大人滞危疆，家事委弃老母，定省俱违。今始经理一切，且姬吴门责逋甚众，金陵落籍，亦费商量，仍归吴门，俟季夏应试相约同赴金陵，秋试毕，第与否，始暇及此。此时缠绵，两妨无益。姬仍踌躇不肯行。时五木在几，一友戏云：‘卿果终如愿，当一掷得巧。’姬肃拜于船窗，祝毕，一掷得全六。时同舟称异，余谓果属天成，仓猝不臧，反偾乃事，不如暂去徐图之。不得已，始掩面痛哭失声而别。余虽怜姬，然得轻身归，如释重负。才抵海陵，旋就试。至六月抵家，荆人对余云:‘姬令其父先已过江来，云姬返吴门，茹素不出，惟翘首听金陵偕行之约。闻言心异，以十金遣其父去，曰:“我已怜其意而许之，但令静俟毕场事后，无不可耳!。”余感荆人相成相许之雅，遂不践走使迎姬之约，竟赴金陵，俟场后报姬”云云。

此为壬午五六月间事。明南畿设提学道二，江北学道署在泰州，江南学道署在江阴，清初尚沿之。巢民就试海陵，应是年科试耳。

又云:“金桂月三五之辰，余方出闱，姬猝到桃叶寓馆”云云。

又云:“场事既竣，余妄意必第，自谓此后当料理姬事，以报其志。讵十七日，忽传家君舟抵江干，盖不赴宝庆之调，自楚休致矣。时已二载违养，冒兵火生还，喜出望外，遂不及为姬商去留，竟从龙潭尾家君舟抵銮江。家君阅余文，谓余必第，复留之銮江候榜。姬从桃叶寓馆仍发舟追余”云云。

又云:“七日乃榜发，余中副车，穷日夜力归里门，而姬痛哭相随，不肯返;且细悉姬吴门诸事，非一手足力所能了。责逋者见其远来，益多奢望，众口狺狺;且严亲甫归，余复下第意阻，万难即谐。舟抵郭外朴巢，遂冷面铁心，与姬诀别，仍令姬归吴门，以厌责逋之意，而后事可为也”云云。此为壬午八九两月间事。

又云:“阴月过润州，谒房师郑公，适奴子自姬处来，云姬归不脱去时衣，此时尚方空在体，谓余不速往图之，彼甘冻死。刘大行指余曰:‘辟疆夙称风义，固如是负一女子耶?’余云:‘黄衫押衙，非君平所能自为。’刺史举杯奋袂曰:‘若以千金恣我出入，即于今日往。’陈大将军立贷数百金，大行以貝数斤佐之。讵谓刺史至吴门，不善调停，众哗，决裂，逸去吴江。余复还里，不及讯。姬孤身维谷，难以收拾。虞山宗伯闻之，亲至半塘，纳姬舟中。上至缙绅，下及市井，纤悉大小，三日为之区画立尽，索券盈尺。楼船张宴，与姬饯于虎𬜬，旋买舟送至吾皋。至月之望，薄暮侍家君饮于拙存堂，忽传姬抵河干。接宗伯书，娓娓洒洒，始悉其状。且即驰书贵门生张祠部，立为落籍。吴门后有细琐，则周仪部终之；而南中则李总宪旧为礼垣者，与有力焉。越十月，愿始毕。然往返葛藤，则万斛心血所灌注而成也”云云。

是为壬午十月至十二月间事。是年仲春因访陈圆不遇而改觅小宛，遂坚订归冒，至是历十月，故言越十月愿始毕也。

《赖古堂尺牍·钱谦益与冒辟疆》云：“武林舟次，得接眉宇，乃知果为天下士，不虚所闻，非独淮海维扬一俊人也。救荒一事，推而行之，岂非今日之富郑公乎？闱中虽能物色，不免五云过眼，天将老其材而大用之，幸努力自爱。衰迟病发，田光先生所谓驽马先之之日也。然每见骐骥，犹欲望影嘶风，知不满高明一笑耳。双成得脱尘网，仍是青鸟窗前物也。渔仲放手作古押衙，仆何敢贪天功。他时汤饼筵前，幸不以生客见拒，何如？嘉贶种种，敢不拜命。花露海错，错列优昙阁中。焚香酌酒，亦岁晚一段清福也。”

此札不入汪东山所刻《牧斋尺牍》之中，今刻《补遗》，乃入之。详其文义，尚是一面之后，初通书问。且于巢民误中副车，方作慰藉之语，知必系周旋小宛事之后所通第一书，即《忆语》所谓“接宗伯书，娓娓洒洒”者也。观书末有“花露海错”，致谢“嘉贶”，则虞山之好事，亦冒氏有以求之。又言“岁晚清福”则作书时必已在腊月，至书达时为月之望日，可知其必为十二月之望也。

小宛至冒氏，先居别室，四阅月乃归与嫡同居，则在癸未之初夏矣。

崇祯十七年，即清世祖顺治元年，流贼入京师，庄烈帝以三月十九日缢死。四月望后，确信始达如皋，一时骇走，时南都方议拥立弘光，以五月朔即位，而冒氏亦以五月五日返其居。中秋日，巢民入南都，别小宛五阅月，岁杪回里，挈家之父嵩少公江南粮储任所，旋即流寓盐官。是年小宛为二十一岁，巢民三十四岁，清世祖则七岁也。

《忆语》云："甲申三月十九之变，余邑清和望后始闻的耗。邑之司命者甚懦，豺虎狰狞踞城内，声言焚劫，郡中又有兴平兵四溃之警，同里绅衿大户，一时鸟兽骇散，咸去江南。余家集贤里，世恂让，家君以不出门自固。阅数日，上下三十余家，仅我灶有炊烟耳。老母、荆人惧，暂避郭外，留姬侍余。姬扃内室，经纪衣物、书画、文卷，各分精粗，散付诸仆婢，皆手书封识。群横日劫，杀人如草，而邻右人影落落如晨星。势难独立，只得觅小舟，奉两亲，挈家累，欲冲险从南江渡澄江北，一黑夜六十里，抵泛湖洲朱宅。江上已盗贼蜂起，先从间道微服送家君从靖江行。夜半，家君向余曰：'途行需碎金无从办。'余向姬索之。姬出一布囊，自分许至钱许，每十两可数百块，皆小书轻重于其上，以便仓卒随手取用。家君见之，讶且叹，谓姬何暇精细如此。"

又曰："午节返吾庐，衽金革与城内枭獍为伍者十旬，至中秋始渡江入南都，别姬五阅月，残腊乃回，挈家随家君之督漕任，去江南，嗣寄盐官"云云。据此则甲申残腊，巢民回里挈家。《忆语》即接寄居盐官，似尚为甲申年内之事。又按陈其年《嵩少冒公墓志铭》："甲申复补漕储，而南北之变起，公于是不复仕矣。"夫南北变起，正谓和议决裂，偏安之局无成，盖弘光时犹称清为北朝，而明以南朝自居也。嵩少之任粮储，盖已无意仕宦，以挈家赴任为名，实则寄居盐官。证之各家诗文，当在高杰乱时。说详下。

弘光乙酉，清顺治二年，五月破南都。巢民先奉父移家盐官，依死友陈梁，与小宛颇事文艺。小宛著《奁艳》，不废娱乐。至南都破后，清兵复下江浙，乱离奔走，阅百日，复返盐官。九月而巢民病，自冬徂春乃已。冬至后渡江北归，暂栖海陵以养疾焉。是年小宛为二十二岁，巢民三十五岁。

陈其年《嵩少冒公墓志》："时江淮盗贼蜂起，皋邑城外则灶户，而城内则中营，白昼杀人，县门火日夜不绝。公度无可如何，则率家属而依盐官之陈梁以居。陈梁者，公子死友也。"

梁当未与公子交时，则已从公游矣。据此，则率家属往盐官，实为嵩少之意。江淮盗贼，正指高杰辈。吴梅村《题冒辟疆名姬董白小像》八首，中有一首云："乱梳云髻下高楼，尽室仓皇过渡头。钿合金钗浑抛却，高家兵马在扬州。"可以证之矣。又梅村诗题下小引，亦有"高无赖称兵"语，皆指此。

黄梨洲《弘光实录钞》："高杰以乙酉正月十三日，为许定国所杀。"其逼扬州也，在甲申九月间，与黄得功相攻。嗣是督师史公，恒为高杰所胁，江北骚然。冒氏挈家避之，正在甲申之冬。若至乙酉正月杰死以后，梅村不应言"高家兵马"矣。或以梅村此诗，疑小宛先为高杰所得，后乃由兵间流转入燕，则又未知杰死在乙酉正月，而小宛之著书侍疾，世所艳称之迹，皆在乙酉正月以后也。

《忆语》云："乙酉客盐官，尝向诸友借书读之。凡有奇僻，命姬手钞。姬于事涉闺阁者，则另录一帙。归来与姬遍搜诸书，续成之，名曰《奁艳集》。其书之瑰异精秘，凡古人女子自顶至踵，以及服食器具，亭台歌舞，针神才藻，下及虫鱼鸟兽，即草木之无情者，稍涉有情，皆归香丽。今细字红笺，类分条析，俱在奁中。客春顾夫人远向姬借阅此书，与龚奉常极赞其妙，促绣梓之。余即当忍痛为校雠鸠工，以终姬志"云云。按乙酉五月以后为丧乱，九月以后又为疾厄，观下文自明。此节雅兴，必为乙酉春夏间事。

又云："乙酉流寓盐官，五月复值奔陷。余骨肉不过八口，去夏江上之累，缘仆妇杂沓奔赴，动至百口；又以笨重行李，四塞舟车，故不能轻身去，且来窥瞷；此番决计置生死于度外，扃户不他之，乃盐官城中自相残杀，甚哄，两亲又不能安，复移郭外大白居。余独令姬率婢妇守寓，不发一人一物出城，以贻身累。即侍两亲挈妻子流离，亦以孑身往，乃事不如意，家人行李纷沓，违命而出，大兵追檇李，薙发之令初下，人心益惶惶，家君复先去惹山，内外莫知所措，余因与姬决。此番溃散，不似家园尚有左右之者，而孤身累重，与其临难舍子，不若先为之地。我有年友，信义多才，以子托之，此后如复相见，当结平生欢，否则听子自裁，毋以我为念。姬曰：‘君言善。举室皆倚君为命，复命不自君出，君堂上膝下有百倍重于我者，乃以我牵君之臆，非徒无益，而又害之。我随君友去，苟可自全，誓当匍匐以待君回。脱有不测，与君纵观大海，狂澜万顷，是我葬身处也。’方命之行，而两亲以余独割姬为憾，复携之去。自此百日，皆展转深林僻路，茅屋渔艇，或月一徙，或日一徙，或一日数徙，饥寒风雨，苦不具述。卒于马鞍山遇大兵，杀掠奇惨。天幸得一小舟，八口飞渡，骨肉得全，而姬之惊悸瘁瘏，至矣尽矣。”

又云：“秦溪蒙难之后，仅以俯仰八口免。维时仆婢杀掠者几二十口，生平所蓄玩物及衣具，靡孑遗矣。乱稍定，匍匐入城，告急于诸友，即襆被不办，夜假荫于方坦庵年伯。方亦窜迹初回，仅得一毡，与三兄共裹卧耳房。时当残秋，窗风四射。翌日，各乞斗米束薪于诸家，始暂迎二亲及家累返旧寓。余则感寒，痢疟沓作矣。横白板扉为榻，去地尺许，积数破絮为卫，炉煨霜节，药缺攻补，且乱阻吴门，又传闻家难剧起，自重九后溃乱沉迷，迄冬至前僵死，一夜复苏，始待间关破舟，从骨林肉莽中冒险渡江，犹不敢竟归家园。暂栖海陵，阅冬春百五十日，病方稍痊。此百五十日，姬仅卷一破席，横陈榻旁。寒则拥抱，热则披拂，痛则抚摩；或枕其身，或卫其足，或欠伸起伏为之左右翼，凡痛骨之所适，皆以身就之。鹿鹿永夜，无形无声，皆存视听。汤药手口交进，下至粪秽，皆接以目鼻细察色味，以为忧喜。日食粗粝一餐，与吁天稽首外，惟跪立我前，温慰曲说，以求我之破颜。余病失常性，时发暴怒，诟谇之至，色不少忤，越五月如一日。每见姬面黁如蜡，弱骨如柴，吾母太恭人及荆妻怜之，愿代假一息。姬曰：'竭我心力以殉夫子，夫子生而余死犹生也。脱夫子不测，余留此身于兵燹间，将安寄托？'更忆病剧时，长夜不寐，莽风飘瓦，盐官城中，日杀数十百人，夜半鬼声啾啸来我破窗前，如蛩如箭，举室饥寒之人，皆辛苦齁睡，余背贴姬心而坐，姬以手固握余手，倾耳静听，凄激荒惨，欷歔流涕。姬谓余曰：'我入君门整四岁，蚤夜见君所为，慷慨多风义，毫发几微，不邻薄恶。凡君受过之处，余敬之亮之。敬君之心，实逾于爱君之身，鬼神赞叹畏避之身也。冥漠有知，定加默祐。但人生身当此境，奇惨异险，动静备历，苟非金石，鲜不销亡。异日幸生还，当与君敝屣万有，逍遥物外，慎毋忘此际此语'"云云。坦庵者，方拱乾也。

按《忆语》仅言避兵，其实当时并避仇。吴梅村《题董白小像》又有云："念家山破定风波，郎按新词妾唱歌。恨杀南朝阮司马，累依夫婿病愁多。"阮司马指阮大铖也。又其小引云，则有"白下权家，芜城乱帅，阮佃夫刊章置狱，高无赖争地称兵，奔迸流离，缠绵疾苦，支持药裹，慰劳羁愁。"据此则以权家与乱帅并称，阮佃夫与高无赖骈举，同指为奔迸流离之原因，此可知甲申冬间之情事矣。

又梅村《冒辟疆寿序》："甲申之乱，彼以攀附骤枋用，兴大狱，修旧隙，定生为所得，几填牢户；朝宗遁之故鄣山中，南中人多为辟疆耳目者，跳而免。"又《侯朝宗年谱》："甲申，阮大铖复逮捕公，公渡江依史可法于扬州。乙酉，省司徒公于徽州，假道宜兴访陈定生，阮大铖廉得之，就定生舍逮公。大兵下江南，弘光出奔，明亡，公狱得解"云云。以其时考之，乙酉之春，阮祸方急，盐官所投者为死友陈梁。当南都未破以前，巢民踪迹不敢自暴，非寻常避难之比，以故深居简出，与小宛怡情翰墨。迨五月以后，则仇解而兵迫，乃真避乱时矣。

梅村小引又云："苟君家免乎，勿复相顾；宁吾身死耳，遑恤其劳。"此即撮叙《忆语》中词意。张明弼《董小宛传》："申酉崩坼，辟疆避难渡江，与举家遁浙之盐官，屡危九死。姬不以身先，则愿以身后，宁使兵得我则释君，君其问我于泉府耳。中间智计百出，保全实多"云云。此亦敷衍《忆语》而为之，世乃以其中"宁吾身死耳"句，"宁使兵得我"句，遂生无数疑团，岂知小宛之侍疾等事，皆在此后。张传明言"后辟疆虽不死于兵，而濒死于病，姬凡侍药不间寝食者，必百昼夜，事平，始得同归故里"云云，则文意本甚明白，甚矣，好事者之故生枝节也。

是年巢民由盐官归，渡江暂住海陵，以如皋方乱之故。《东华录》顺治二年乙酉十二月癸巳以后，书漕运总督王文奎奏："如皋贼首于锡凡、刘一雄等，久聚江海，为总兵官孔希贵、苏见乐所擒，如皋一带悉平。"癸巳为十二月十五。《东华录》所谓贼首，即明之所谓遗民。如皋兵事，至岁杪乃有平靖之奏报，则可知冒氏于是冬逗留海陵之故矣。

顺治三年丙戌春，巢民病未愈，至春暮乃起。是年小宛二十三岁，巢民三十六岁。

《忆语》无涉及是年事，惟巢民以乙酉深秋病，自冬涉春，历百五十日乃愈，则知以是年春暮病起耳。世传小宛为清豫王多铎兵间携之入宫。多铎下江南，乙酉五月破南都，六月即入浙，十月班师还京。小宛之事巢民，事迹固多在是年之后，即世言孀妇刘三秀事，传者明谓其入宫，亦绝非豫王所掠致。豫王以二年十月还京，即不再南下，六年遽卒。三秀事据《过墟志》，亦至李成栋叛后，随李家属送南京。乡曲流言，固多不足信也。

顺治四年丁亥，巢民遭蜚语，几殆，夏复病，历两月而解。于是江南多事，故明遗老，多有起兵受祸者。是年小宛年二十四岁，巢民年三十七岁。

《忆语》云:“丁亥，谗口铄金，太行千盘，横起人面。余胸坟五岳，长夏郁蟠，惟蚤夜焚二纸告关帝君。久抱奇疾，血下数斗，肠胃中积如石之块以千计，骤寒骤热，片时数千语，皆首尾无端，或数昼夜不知醒。医者妄投以补，病益笃，勺水不入口者二十余日。此番莫不谓其必死，余心则炯炯然，盖余之病不从境入也。姬当大火铄金时，不挥汗，不驱蚊，昼夜坐药炉傍，密伺余于枕边足畔六十昼夜。凡我意之所及，与意之所未及，咸先后之。”

按《东华录》，丁亥四月辛卯，江宁巡抚土国宝奏，苏、松提督吴胜兆谋叛。五月己酉，初，故明废绅侯峒曾等，遣奸细潜通伪鲁王，为柘林游击陈可所获，中有伪敕一道，反间招抚大学士洪承畴，及巡抚土国宝等。事闻，觉其诈，于是谕江宁等处昂邦章京巴山张大猷曰:“尔等镇守地方，遇有乱萌及奸细往来，严察获解，具见尔等公忠尽职。大学士洪承畴、巡抚土国宝，皆因致力我朝，故贼用间谍诬陷。总兵吴胜兆监收奸细谢尧文，供称嘉定县废绅侯峒曾子侯悬瀞等，具逆疏付尧文，潜通鲁王。尔等即将奸细谢尧文，窝逆之孙梢，及有名各犯，拘提到官，公同大学士洪承畴、操江巡抚陈锦，严行审究具奏。”己未，招抚大学士洪承畴奏，“故明推官陈子龙阴受伪鲁王部院职衔，连结太湖巨寇，潜通舟山余孽。”

以上皆丁亥四五月间事，其侯悬瀞之疏，被获于四月初四日，亦见《东华录》中。悬瀞后亡命投扬州天宁寺为僧以死，法名圆鉴。《梅村诗话》载圆鉴诗，不敢举其故名，但称为练川大家子者也。又按《有学集》，牧斋亦于丁亥三月晦日被急征，至江宁下狱，旋释之。巢民与遗老多通声气，此“铄金之口”所由来欤?

顺治五年戊子，患难初定，小宛有制金条脱，以摹天上流霞事，盖稍自宽矣。是年小宛为二十五岁，巢民为三十八岁。

《忆语》云:“姬之衣饰，尽失于患难，归来淡足，不置一物。戊子七夕，看天上流霞，忽欲以黄条脱摹之，命余书‘乞巧’二字，无以属对。姬曰：曩于黄山巨室，见覆祥云真宣炉，款式佳绝，请以'覆祥'对'乞巧'，镌摹颇妙。越一岁钏忽中断，复为之，恰七月也，余易书'比翼'、'连理'。姬临终时，自顶至踵，不用一金珠纨绮，独留条脱不去手，以余勒书故。长生私语，乃太真死后凭洪都客述寄明皇者，当日何以率书，竟令长恨再谱也。"

顺治六年己丑秋，巢民复病疽，阅百日乃瘳。小宛以三侍危疾，为诸家传状、诗文所艳称，盖至是为毕乃事矣。是年小宛年二十六岁，巢民年三十九岁。

《忆语》云："己丑秋，疽发于背，复如是百日。余五年危疾者三，而所逢者皆死疾，惟余以不死待之。微姬力，恐未必能坚以不死也。今姬先我死，而永诀时惟虑伊死增余病，又虑余病无伊以相侍也。姬之生死，为余缠绵如此，痛哉痛哉！"

按小宛侍巢民裒集四唐诗，当创始于是年以前，至迟亦必在是年。《忆语》云："余数年来，欲裒集四唐诗。"云数年来，则小宛以辛卯正月二日死，《忆语》即成于辛卯，知裒集之事，必不始于庚寅。又云："编年论人，准之《唐书》。姬终日佐余稽查抄写，细心商定。永日终夜，相对忘言。阅诗无所不解，而又出慧解以解之。尤好熟读《楚辞》，少陵、义山，王建、花蕊夫人、王粫三家《宫词》。等身之书，周回座右，午夜衾枕间，犹拥数十家唐诗而卧。今秘阁尘封，余不忍启，将来此志，谁克与终，付之一叹而已。"

巢民以是年秋病疽。而重书"比翼连理"之条脱，据上述，在今年七月，则病在七月以后。

顺治七年庚寅，正月二日，即有诗谶为明年是日之咎征。先是冒氏虽已归里，而尚往来于盐官，至是年三月乃长去盐官。龚芝麓在南中，与诸名士为巢民称寿，篇什甚富，无不兼美小宛。三月杪，巢民又得凶梦，亦兆小宛之死。小宛与巢民论学，有论后汉陈仲举、范郭诸传事，并为买侍儿吴扣扣。是年小宛为二十七岁，巢民为四十岁。

《忆语》云：“姬书法秀媚，学钟太傅稍瘦，后又学曹娥。余每有丹黄，必对泓颖，或静夜焚香，细细手录。闺中诗史成帙，皆遗迹也。小有吟咏，多不自存。客岁新春二日，即为余抄选全唐五七言绝句，上下二卷”云云。和七岁女子诗，事已具前。

又云：“客春三月，欲长去盐官，访患难相恤诸友。至邗上，为同社所淹，时余正四十，诸名流咸为赋诗。龚奉常云云，事亦具前。他如园次之‘自昔文人称孝子，果然名士悦倾城’；于皇之‘大妇同行小妇尾’；孝威之‘人在树间殊有意，妇来花下却能文’；心甫之‘珊瑚笔架香印屧，著富名山金屋尊’；仙期之‘锦瑟峨眉随分老，芙蓉园上万花红’；仲谋之‘君今四十能高举，羡尔鸿妻佐舂杵’；吾邑徂徕先生‘韬藏经济一巢朴，游戏莺花两阁和’；元旦之‘蛾眉问字佐书帏’，皆为余庆得姬。讵谓我侑卮之词，乃姬誓墓之状耶！余读此杂述，当知诸公之诗之妙。而去春不注奉常诗，盖至迟之今日，当以血泪知鷫鷞也。”按小宛于乙酉撰《奁艳》，至是为顾夫人借阅，与龚奉常极赞其妙。《忆语》所谓“客春”，即此时事也，已见前引。

又云：“三月之杪，余复移寓友沂友云轩，久客卧雨，怀家正剧。晚霁，龚奉常偕于皇、园次过慰留饮，听小奚管弦度曲时，余归思更切。因限韵各作诗四首，不知何故，诗中咸有商音。三鼓别去，余甫著枕，便梦还家，举室皆见，独不见姬，急询荆人，不答，复遍觅之，但见荆人背余下泪，余梦中大呼曰：‘岂死耶？’一恸而醒。姬每春必抱病，余深疑虑。旋归，则姬固无恙，因间述此相告。姬曰：‘甚异，前亦于是夜梦数人强余去，匿之幸脱，其人狺狺不休也。’讵知梦真而诗谶咸来先告哉？”

又云：“犹忆前岁，余读东汉，至陈仲举、范郭诸传，为之抚几，姬一一求解其始末，发不平之色，而妙出持平之议，堪作一则史论”云云。友沂，赵开心子，名而忭。

陈其年《吴姬扣扣小传》:“今年中秋后二日，绮岁正十九，先生将为饰孔翠，傅阿锡，备小星嘉礼焉。而先期一月，姬遂病，病一月遂死。先生哭之恸。”据此则扣扣殁时年止十九。又曰:“先生曰:‘姬八岁从父受书，习戈法，英慧异常儿，举止娟好，肌理如朝霞，眉妩间作浅黛色。宛君见而怜之，私谓余曰:“是儿可念，君他日香奁中物也。”然姬性颇厌铅华，十岁即守木叉戒，茹素，随余母太恭人诵佛及《金刚经》，晨夕不辍，已知其再来人矣。而余自宛君新殁，香祓茗碗，拂拭无人，残月晓风，徬徨四顾。暇时偶忆宛君前言，内人复怂恿不置，十三四即留姬随余读书。’”据此，则扣扣八岁以前从父受书，未入冒氏，八岁始归冒，而小宛犹在，且不云病时语。小宛死于辛卯正月初二，扣扣之来侍小宛，必在辛卯以前明矣。又《吴诗集览》引辟疆《兰言》云:“辛丑夏，余滞邗上，时闺中有小姬扣扣，寄小笺云:‘见兰之受露，感人之离思。’余归，戏询曰:‘那得此好句?’答云:‘选赋见红兰之受露，我仅剪却一红字耳。’去今十六年，扣扣化影梅庵畔黄土矣。”据此，则辛丑年扣扣犹在。扣扣年止十九，则辛丑必即扣扣之殁年。上溯庚寅，正为八岁，故知纳扣扣为是年事也。影梅庵为小宛葬处，故《忆语》以此命名。详下。

顺治八年辛卯，正月二日，小宛死。是年小宛为二十八岁，巢民为四十一岁，而清太祖则犹十四岁之童年。盖小宛之年长以倍，谓有入宫邀宠之理乎?当是时，江南军事久平，亦无由再有乱离掠夺之事。小宛死葬影梅庵，坟墓具在，越数年，陈其年偕巢民往吊有诗。迄今读清初诸家诗文集，于小宛之死，见而挽之者有吴园次，闻而唁之者有龚芝麓，为耳目所及焉。

陈其年《诗集》有题云《春日巢民先生挈舟约同务旃诸子过朴巢，并问影梅庵》，自注题下云“庵为董姬葬处”。按其年以顺治十五年戊戌始至如皋，戴务旃则以十六年己亥至。然则此诗必己亥以后之作，盖据其年《集》，别有《将发如皋，留别冒巢民先生》诗，首云:“忆我过如皋，太母正悬帨。是为戊戌冬，层冰养寒厉。”中云:“汤饼宴未终，椒盘倏逾岁。新年戴生至，高斋日联袂。”自注:“戴生，务旃也。”又云:“荏苒六七年，华轩命予憩。吁嗟数年中，旧事不堪计。”然则陈、戴同客冒氏，始于己亥之春，其后六七年，其年常在如皋，或亦与戴相偕，要必在己亥以往矣。小宛之死为正月二日，《忆语》共两见，皆已见前。务旃为和州戴重子，名本孝，遗民也。

《林蕙堂集》有《挽董少君四律并序》。序言:“少君名白，字小宛，桃叶名媛也。”中叙始末，与诸家所述略同。末云:“某偶游射雉，恰值骑鸾，见奉倩之神伤，为安仁而气尽。”此可知园次乃亲见而挽之者。其诗第二首云:“麻姑去后小姑闲，独剩双成又早还。”似巢民尚有他姬先逝者。

《结邻集·龚芝麓与冒辟疆书》:“洞老至都，出示手翰，一时风雨飒然，玉碎珠销，断魂千古。弟于宛君如嫂，虽缺郁金堂下一拜之缘，而玉兰花底，醉渖淋漓，犹仿佛欢场，宣扬幽蒨，至今美人云气，缭绕玳瑁之床。香魂有知，姗姗紫幄中，尚谓金兰谱中人，有为助哭申吁，泣名花而悲晓露者，不可云非弟管幅之遭也。阮公邻女之戚，情至不堪，况于我辈，骨肉关情，尤宜分痛。锺退谷云，好友在四方，而造物或收之，矧其在闺阁之中，天不怜才，遂令犀钿蝉鬟，与文士平分鹦鹉之恨。道翁其姑念琉璃易碎，能少解黄尘碧海之郁陶乎？《忆语》大刻，钟情特至，展之不禁雪涕，沉香亲刻管夫人，不是过也。诔词二十余言，宛转凄迷，玉笛九回，霜猿三下矣。欲附数言于芳华之末，为沅澧招魂，劈笺探韵，絮语神伤，而蟋蟀哀音，转多幽咽，属思未竟，惆怅无端，徐之必有以祝桂旗而酹翠羽，未敢忘也。”此知芝麓乃闻而唁之者，函中涉及“《忆语》大刻”，则已在《忆语》刻成之后矣。洞老者赵开心，字洞门。

《同人集·吴园次影梅庵题咏》系骈体一文、律诗八首。《林蕙堂集》中止存四律，盖其四为《园次集》外轶诗矣。中又有云："可怜一片桃花土，先筑鸳鸯几尺坟。"则小宛明有葬地在影梅庵中，与迦陵诗合。又石城周士章号吴昉者，《和园次八律原韵》中有句云："咫尺郊南同绝塞，至今青冢不悲王。"则又指明墓地之所在。新城王西樵有《巢民先生出吴梅村祭酒吊董少君十绝索和，勉成应教，殊惭牵率也》一题，是为后来之作，诗亦十首。其第一首句云："绮骨埋香十六年，春风坟草尚芊芊。"亦言其有坟。又周积贤《悼亡赋序》云："如皋冒辟疆先生，天下士也，与余善。其所爱妾曰董氏，亦女中士也。美容色，工翰墨，善于事舅姑，相所夫。归辟疆九年而董氏卒，辟疆哀之，自为文以哀之，且命知旧作文以哀之，余遂赋焉。"赋中有云："历墓门而巡视兮，听松柏之萧萧。"此亦明证其有墓存焉者也。

以上记小宛事，按年分列，曲折具备，可以扫近日秕说。又有妄引清初人诗为不根之谈者，附志以见其谬。

王渔洋有《题冒辟疆姬人圆玉女罗画》三首，第二首云："记取凌波微步来，明珠翠羽共徘徊。洛川淼淼神人隔，空费陈王八斗才。"说者以是指圆玉、女罗为小宛之廋词，谓渔洋至不敢明言小宛，而谬为圆玉、女罗之名。一若冒氏姬人仅一小宛也者，不考孰甚？至此诗自注"水仙"二字，盖二姬杂画，渔洋偶题其三，首题《疏篁寒雀》，次《水仙》，次《苹花戏鱼》也。

陈其年《寿冒巢民先生七十》诗，末云："插花献斝者谁子，此是红闺双画师。"自注："先生有两姬人，善丹青。"则当巢民七十时，尚有此善画之两姬。若小宛之画，既见《忆语》，又见梅村诗，当时固亦擅此。然渔洋之识巢民，已在做扬州推官时，题此画之年，《集》又明载为丙辰，则为康熙十五年，与巢民七十之年近矣。

阮文达《广陵诗事》：

辟疆姬人继小宛后者，有蔡女罗含，尝学绘事，工苍松、墨凤、山水、禽鱼、花草，与金姬晓珠，称两画史。吴园次《谢女罗画凤启》云："借丹穴之灵毛，图成比翼；用红窗之偶影，绘作双栖。"钱武子德震、张孺子圮授，皆有《墨凤歌》。戴洵有《得全堂观画松歌》，句云："凭君卷藏画笥里，晴空恐有蛟龙起。舒张鳞爪挟以飞，吸尽蓬莱清浅水。"李书云亦有诗云："咏絮才高兄子句，簪花格擅美人工。小窗闲作丹青谱，身在花香百和中。"晓珠名玥，昆山人，与女罗继小宛侍辟疆。蔡早逝，炉香茗碗，辟疆赖之。尝刲股进药，使七十八老人再生。汪舟次楫跋《巢民楷书〈洛神赋〉晓珠手临〈洛神图〉卷后》云："玉峰仙子，画嗣虎头，金粟后身，书工虿尾。置两君于异地，并可空群。聚二美于一堂，斯称合璧。园名水绘，宜来河洛之神；翁是巢民，应集鸾皇之侣。呼宓妃而欲出，谁夸北殿维摩；惊褚令之犹存，不数南宫博士。"吴园次《乞晓珠画洛神启》云："金缕遗魂，梦感陈王之枕；采旄含态，香生王令之书。人但赏其清词，世罕传子妙迹。何期藻管，近出兰闺。花欲言情，波如动影。依稀莲袜，凌千顷而姗姗；仿佛桂旗，望三秋而渺渺。想见临池染翰，原写照于当身；定知拂镜穿衫，必含情于微步。"又《题晓珠画盗盒图·临江仙》云："雪夜烧灯浮绿酒，西园宾客重来。扫眉人有不凡才，笔床翡翠，妆罢写幽怀。儿女英雄谁复问，人间多少尘埃。解围忙煞小金钗，神仙来去，一叶坠庭阶。"王阮亭尚书亦有《题晓珠杂画》三绝句。又汪蛟门有《题巢民玉山夫人临薛少保稷十一鹤图》诗云："少保青田姿，能为鹤写真。意思本冰雪，自然无纤尘。岂知千载后，乃有如花人。重貌十一鹤，磊落意态新。高步肆饮啄，一一传其神。我闻水绘翁，近与猿鹤邻。闺中两小妻，庄如举案宾。持我前上寿，劝酒宁辞频。饥茹黄公芝，渴饮长沮津。低头看雁鹜，纷纷焉能驯。”玉山疑即金姬，盖金名玥，玉山或其别号耳。

据此，则女罗为蔡氏，而圆玉当即金姬。文达疑汪蛟门所云玉山夫人为即金。余又疑玉山即圆玉也。吴园次《林蕙堂集》两启，本称金少君、蔡少君。巢民两姬人同时以画名者，必为金、蔡无疑。蔡父名孟昭，陈其年赠序称之以游侠，末言“生老而无子，一女名含，甚明慧，知书，以三世交，归冒巢民先生，今且依先生以居”云。则女罗之家世为尤可详矣。

特巢民侧室尚不止前所举诸女。韩元少《有怀堂集·潜孝先生冒徵君墓志铭》，称先生有女一，适诸生洪必贞，侧室张出。其二子嘉穗、丹书，则皆配苏夫人出。盖姬妾虽多，皆无所出，且皆前死，故元少挽诗有“白杨未种俱消歇，何处春风燕子楼”之句。议者又以韩此诗为疑窦，为即小宛入宫之证，殊不可解。

上驳正各条，皆以编年可证时事者举之，其余各家及《忆语》中，详述小宛之文艺妇工，足资谈助者，皆未暇及，惟举一二有关系之事附于后。

小宛有妹曰董年。《板桥杂记》曰：“董年，秦淮绝色，与小宛姊妹行。艳冶之名，亦相颉颃。”

钟山张紫淀作《悼小宛》诗，中一首曰：“美人在南国，余见两双成。春与年同艳，花推月主盟。蛾眉无后辈，蝶梦是三生。寂寂皆黄土，香风付管城。’”

《贰臣传》：龚鼎孳入清，以顺治二年补太常寺少卿。三年即丁父忧出京，以请封典事为言官所纠，降二级，遂徜徉在外。九年始原官。当庚寅、辛卯之间，正龚与其妾顾横波浪迹南中时也。庚寅春，顾向小宛借《奁艳》，而龚绳小宛以寿巢民。

《板桥杂记》云：“顾眉生既属龚芝麓，百计求嗣，而卒无子。甚至雕异香木为男，四肢俱动，锦绷绣褓，顾乳母开怀哺之，保母褰襟作便溺状，内外通称小相公，龚亦不之禁也。”

时龚以奉常寓湖上，杭人目为人妖，正当时事。后龚于丁酉重游金陵，偕顾寓市隐园，为顾祝生辰，遍召旧时狎客及南曲姊妹行预燕。门人严某赴浙监司任，为眉生褰帘长跪，捧卮称贱子上寿，事亦见《板桥杂记》。时已称尚书，非复奉常故官矣。唁小宛之书，发自京邸，正其赴阙补原官时事。

《忆语》云："姬初入吾家，见董文敏为余书《月赋》，仿钟繇笔意者，酷爱临摹，嗣遍觅钟太傅诸帖学之。阅《戎辂表》，称关帝君为贼将，遂废钟学《曹娥碑》。"《戎辂帖》为世所宝，亦为尊关帝者所诟病。小宛乃以废弃示趋向，关壮缪之得崇信于后世者深矣。

巢民六十岁时，其妇苏氏尚存，见梅村序文，是为康熙九年庚戌。苏与巢民同岁，梅村序中言之。据韩慕庐《潜孝先生墓志》，则巢民以六十二龄丧其元配苏，是苏亡亦为六十二岁。巢民卒于康熙癸酉十二月，寿八十三岁，克享大年。一生不废声色之好，水绘群芳，宜其先谢，盖如袁祖之阅世，其妻妾皆无有俪之者矣。

慕庐《挽如皋冒徵君巢民》诗六章，其第四云："载得佳人字莫愁，染香亭子木兰舟。茧丝待久方成匹，纨扇无缘得聚头。花鸟湘中余粉墨（自注：染香湘中皆姬所居），人琴座上亦山丘。白杨未种俱销歇，何处春风燕子楼。"情事可想。

前述各条，小宛死于顺治辛卯，扣扣死于康熙辛丑。女罗与晓珠，据迦陵诗，巢民七十之年，尚有红闺两画师在。渔洋《康熙丙辰题画》正在其前四年。《广陵诗事》则谓巢民七十八岁病剧，女罗已前殁，独晓珠刲股疗之，是年为康熙戊辰。再阅五年而巢民卒。其间或晓珠又先驱地下乎？

慕庐挽诗第一章云："春光杂树乱飞莺，风月扬州旧主盟。人到老成常易尽，命应多难辄更生（自注：先生屡绝复畡）。暮年枯柳悲开府，天上芙蓉失曼卿。最是夜阑灯灺后，白头往往说西京。”

第二章云：“南朝琼树久埃尘，桃叶当年燕赏频。青眼词人高入座，红销狎客避逢嗔（自注：先生曾于高会唾骂阮司马）。风流咳唾真名士，离乱沧桑一堂人。墨妙笔精余遣兴，玉山铁笛是前身。”

第五章云：“秣陵一曲即霓裳，词客衰迟合断肠。最恨飞笺传燕子，更怜掺鼓入渔阳（自注：《燕子笺》剧，为司马笔，先生晚年喜令大菊掺渔阳鼓）。善才不死轻投迹（自注：谓大菊），贺老犹存久擅场（自注：谓朱老音仙）。浮世傀师从变幻，梨园散尽月如霜。”

读此诸什，觉巢民身系世变，以处士而通两代名流声气之邮，高节盛名，修龄豪气，真足令千秋倾想矣。

《忆语》中巢民所先眷之陈姬，既证其为陈圆，则陈圆之于咸畹，于吴藩，世无不知之。其于巢民一段香火情，世不复忆及。顺、康间，吴藩方炽，词人不敢道其旧欢。后则陈亦已成大名，少年事不足谈矣。今据《忆语》补列之，附于末尾，亦一谈助。《忆语》云：

辛巳早春，余省觐去衡岳，由浙路往，过半塘讯姬，则仍滞黄山。许忠节公赴粤任，与余联舟行，偶一日赴饮归，谓余曰：‘此中有陈姬某，擅梨园之胜，不可不见。’余佐忠节治舟，数往返，始得之”云云。据此，则巢民识小宛在先，而无深契。访之数不相值，乃闻陈姬之名。曰陈姬某而不直书其名，当时即为吴藩讳也。不然，何所吝而不记其实耶？

又云：

其人淡而韵，盈盈冉冉。衣椒茧时背，顾湘裙，真如孤鸾之在烟雾。是日演弋腔红梅，以燕俗之剧，咿呀啁哳之调，乃出之陈姬身口，如云出岫，如珠在盘，令人欲仙欲死。漏下四鼓，风雨忽作，必欲驾小舟去。余牵衣订再晤，答云："光福梅花，如冷云万顷，子能越旦偕我游否？则有半月淹也。"余迫省觐，告以不敢迟留故。复云："南岳归棹，当迟子于虎緌丛桂间。"盖计其期八月返也。余别去，恰以观涛日奉母回至西湖。因家君调已破之襄阳，心绪如焚。便讯陈姬，则已为窦霍豪家掠去，闻之惨然。及抵阊门，水涩舟胶，去浒关十五里，皆充斥不可行。偶晤一友，语次有"佳人难再得"之叹。友云："子误矣！前以势劫去者，赝鼎也。某之匿处，去此甚迩，与子偕往。"至果得见，又如芳兰之在幽谷也。相视而笑曰："子至矣！子非雨夜舟中订芳约者耶？曩感子殷勤，以凌遽不获订再晤，今几入虎口得脱，重晤子，真天幸也。我居甚僻，复长斋，茗碗炉香，留子倾倒于明月桂影之下，且有所商。"余以老母在舟，缘江楚多梗，率健儿百余护行，皆住河干，矍矍欲返。甫黄昏而炮械震耳，击炮声如在余舟旁，亟星驰回，而中贵争持河道，与我兵斗，解之始去。自此余不复登岸。越旦，则姬淡妆至，求谒吾母太恭人，见后，仍坚订过其家。乃是晚，舟仍中梗，乘月一往见，卒然曰："余此身脱樊笼，欲择人事之。终身可托者无出君右，适见太恭人，如覆春云，如饮甘露，真得所矣。子毋辞。"余笑曰："天下无此易易事，且严亲在兵火，我归，当弃妻子以殉。两过子，皆路梗中无聊闲步耳。子言突至，余甚讶。即果尔，亦塞耳坚谢，无徒误子。"复宛转云："君倘不终弃，誓待君堂上书锦旋。"余答云："若尔，当与子约。"惊喜申嘱，语絮絮不悉记。即席作八绝句付之归。历秋冬，奔驰万状，至壬午春。

此下接巢民尊人得量移事，已见前。

钮玉樵《觚賸·圆圆传》：

崇祯末，流氛日炽。秦豫之间，关城失守，燕都震动。而大江以南，阻于天堑，民物晏如，方极声色之娱，吴门尤盛。有名妓陈圆圆者，花明雪艳，独出冠时。维时田妃擅宠，两宫不协。烽火羽书，相望于道，宸居为之憔悴。外戚周嘉定伯以营葬归苏，将求色艺兼绝之女，由母后进之，以纾宵旰忧，且分西宫之宠。因出重资购圆圆，载之以北，纳于椒庭。一日侍后侧，上见之，问所从来，后对："左右供御，鲜同里顺意者，兹女吴人，且娴昆伎，令侍栉盥耳。"上念国事不甚顾，遂命遣还，故圆圆乃归周邸。

按巢民所记陈姬之被劫而未去，在十四年辛巳之秋。劫而卒去，在十五年壬午之春。考《明史·田贵妃传》，以十五年七月卒，则周邸思分其宠，必在妃未死以前，故圆圆入宫，至迟不过壬午之春夏。又《圆圆传》称崇祯末，又称秦豫之间关城失守，则周奎之蓄意选色，必在崇祯十三四年之间。再检《明史·庄烈帝纪》，崇祯十三年十二月，李自成自湖广走河南，饥民附之，连陷宜阳、永宁，杀万安王采䥶，陷偃师，势大炽。又十四年春正月己丑，总兵官猛如虎追张献忠及于开县之黄陵城，败绩，参将刘士杰等战死，贼遂东下。丙申，李自成陷河南，福王常洵遇害，前兵部尚书吕维祺等死之。二月庚戌，张献忠陷襄阳，襄王翊铭、贵阳王常法并遇害，副使张克俭等死之。戊午，李自成攻开封，周王恭枵、巡按御史高名衡拒却之。乙丑，张献忠陷光州。凡此所云，皆秦豫之间关城不守之事实也，则周奎之归葬购陈，自必在辛巳夏秋以后。按其时序，与巢民《忆语》吻合，故知陈姬之必为陈圆。陈工演剧，《忆语》极称之，周后亦以此荐于思宗，皆可证也。

世宗入承大统考实

世称康熙诸子夺嫡，为清代一大案，因将世宗之嗣位，与雍正间之戮诸弟，张皇年羹尧及隆科多罪案，皆意其并为一事，遂坠入五里雾中，莫能了其实状。夫嫡之为嫡，二阿哥胤礽也。圣祖三立后，惟元后孝诚后有子，殇其一，名承祜，长大者一，即胤礽，后更无嫡出子。胤礽之立为太子，从立嫡古训也。其夺嫡也，先之以大阿哥胤禔，则用魇道，是以有第一次之废储。发觉以后，青宫复建，胤禔永禁，事在康熙中，处分已毕，不入雍正时兄弟相戕案内。继之以八阿哥胤禩之阴谋，内外党与甚盛，太子卒废。诸阴谋者亦为圣祖所忌，卒亦不遂所欲。圣祖末年，诸王大臣所默喻上意，知为将来神器之所归者，乃十四阿哥胤禵。胤禵为世宗同母弟。世宗于夺嫡事实无所预。而雍正间翦灭诸弟，辄牵涉胤禩夺嫡，而又非为故太子泄忿。就官书之布在耳目间者观之，惟觉其事外有事，所谓假手焉尔。故宫发现秘档，仍是用此为轇轕。而世宗所以有惭德者何在？因其内疚而激为残忍者何所变演？稽诸故牍，一一可见，初不在新发见之密档中。世尚无能言其曲折者，用胪叙以与天下共见之。

今有一语应先声明者，凡历代《实录》所载，其直接关系帝王本身事者，为最难得实。嗣主得位，出于常轨之外者，往往故暴先朝之过恶，而惟恐不尽。若金世宗之于海陵，明成祖之于建文，无论矣。即嘉靖之于正德，授受之间，本无仇怨，然武宗失德，直书于《实录》者独多。清一代自德宗以前，皆父子相承，有述作而无同异。故后王修前代《实录》，觐光扬烈，务使祖宗功德，有大醇而无小疵。加以清之列帝，敬天法祖之盛心，超越往代。往代重修《实录》，为政治之变故，若永乐间之再修三修《太祖实录》，为时君自掩其篡逆之罪。天启间之改修《三朝要典》，为大权落奄人之手，椓丧国本，而网尽清流。其改《实录》之举动，赫赫在人耳目，人亦得而注意之。清之改《实录》，乃累世视为家法。人第知清初国故，皆高庙所删汰仅存，殊不知清列朝《实录》，直至光绪间犹修改不已。其经蒋氏《东华录》所录者，固已异于王《续录》时所见之本。而王录成于光绪十年，偶一与《实录》库中之官本《实录》对勘，又删去重要史实甚夥，且非重要之史实，原无事乎删也。后于征引时当随文指出，今姑不及备举。但欲引《实录》而文为《东华录》所有者，宁取《东华录》，观者勿疑其用私家著述为因陋就简也。

《东华录》：康熙六十一年十月癸酉（二十一日），“上幸南苑行围”。十一月戊子（初七日），“上不豫，自南苑回驻畅春园”。庚寅，“上因圣躬不豫，十五日南郊大祀，特命皇四子和硕雍亲王恭代。皇四子以圣躬违和，恳求侍奉左右。上谕：郊祀上帝，朕躬不能亲往，特命尔恭代，斋戒大典，必须诚敬严恪，尔为朕虔诚展祀可也。皇四子遵旨于斋所致斋”。辛卯、壬辰、癸巳，皇四子遣护卫太监至畅春园候请圣安。“甲午（十三日），丑刻，上疾大渐，命趣召皇四子于斋所，谕令速至，南郊祀典着派公吴尔占恭代。寅刻，召皇三子诚亲王允祉、皇七子淳郡王允祐、皇八子贝勒允禩、皇九子贝子允禟、皇十子敦郡王允䄉、皇十二子贝子允祹、皇十三子允祥、理藩院尚书隆科多，至御榻前谕曰：‘皇四子人品贵重，深肖朕躬，必能克承大统，著继朕登基，即皇帝位。’皇四子闻召驰至。巳刻，趋进寝宫。上告以病势日臻之故。是日，皇四子三次进见问安。戌刻，上崩于寝宫。”（以上据王

录，蒋录较简而事实无变动，不复载）

《实录》所书世宗得嗣帝位之由，以受圣祖之末命。圣祖末命，在崩御日之寅刻。至巳刻而世宗入寝宫，临病榻，圣祖尚能亲告以病势日臻之故（“臻”字世宗谕旨作“增”）。则其语必甚详，非病革不能发言情状。又自寅至戌，历时凡八，其间已宣露天位之有属，岂不声闻于外，道路皆知，然按之世宗自述之谕旨，则不然也。

《大义觉迷录》有谕旨一道，因其为各本《雍正谕旨》所不收，又非《实录》所载，故不能的知其降旨之日，大约在雍正七年九月间，与颁布《大义觉迷录》之谕相连属。颁布《大义觉迷录》，在七年九月癸未（二十三日），此可以约计其日矣。谕中言：

> 康熙六十一年十一月冬至之前，朕奉皇考之命，代祀南郊。时皇考圣躬不豫，静摄于畅春园。朕请侍奉左右，皇考以南郊大典，应于斋所虔诚斋戒。朕遵旨于斋所致斋。至十三日，皇考召朕于斋所。朕未至畅春园之先，皇考命诚亲王允祉、淳亲王允祐、阿其那、塞思黑、允䄉、公允祹、怡亲王允祥、原任理藩院尚书隆科多，至御榻前，谕曰：‘皇四子人品贵重，深肖朕躬，必能克承大统，着继朕即皇帝位。’是时惟恒亲王允祺以冬至命往孝东陵（世祖废后以后，所立之孝惠后，未与先祖合葬，陵别名孝东）行礼，未在京师。庄亲王允禄、果亲王允礼、贝勒允祎、贝子允祎，俱在寝宫外祗候。及朕驰至问安，皇考告以症候日增之故，朕含泪劝慰。其夜戌时龙驭上宾。朕哀恸号呼，实不欲生。隆科多乃述皇考遗诏，朕闻之惊恸，昏仆于地。诚亲王等向朕叩首，劝朕节哀，朕始强起办理大事。此当日之情形，诸兄弟及宫人内侍与内廷行走之大小臣工，所共知共见者。夫以朕兄弟之中，如阿其那、塞思黑等，久蓄邪谋，希冀储位，当兹授受之际，

伊等若非亲承皇考付朕鸿基之遗诏，安肯帖无一语，俯首臣伏于朕之前乎？

据此则传位之遗诏，世宗于圣祖既崩之后，始由隆科多述而知之。而谓隆与诸皇子同以是日寅刻受诏，在世宗未至寝宫之前。何以既至以后，圣祖方口语便利，能缕述病势日增之故，而不一及付托之意乎？且是日世宗三次进见问安，则舒缓如平时之微恙护视，绝非将属纩时举扶迫切之态，圣祖可以自达其意之机会甚宽，而竟以大位相授一事，遗忘不语乎？抑未绝之顷，犹守秘密而不告本人乎？若云秘之，则诸子知之矣，隆科多知之矣，独不使受遗之人得知，此岂在情理之内？又况允禩、允禟，世宗所丑诋为阿其那、塞思黑者，与夫允䄉为世宗之三憾，世宗既言其久蓄邪谋，希冀储位，而今忽闻末命，大宝有属，又岂能代为守秘，而兄弟间若无其事乎？夫其兄弟间之不闻其事，亦于世宗谕旨证之。

《上谕八旗》：雍正八年五月初七日，怡亲王仙逝，悲恸谕后。初九日又谕，失此柱石贤弟，德行功绩，难以枚举。中有云：

又如果亲王在皇考时，朕不知其居心，闻其亦被阿其那等引诱入党。及朕御极后，隆科多奏云："圣祖皇帝宾天之日，臣先回京城，果亲王在内值班，闻大事出，与臣遇于西直门大街，告以圣上绍登大位之言，果亲王神色乖张，有类疯狂。闻其奔回邸第，并未在宫迎驾伺候。"等语。朕闻之甚为疑讶。是以差往陵寝处暂住以远之。怡亲王在朕前极称果亲王居心端方，乃忠君亲上、深明大义之人，力为保奏。朕因王言，特加任用。果亲王之和平历练，临事通达，虽不及怡亲王，而公忠为国，诚敬不欺之忱，皎然可矢天日。是朕之任用果亲王者，实赖王之陈奏也。

据此谕，则知圣祖大事后，未奉大行还内以前，隆科多先驰入京。而果亲王允礼亦已闻大事而出，将奔赴畅春园，遇隆科多于西直门大街，始闻世宗绍登大位之说于隆科多之口，一惊至于有类疯狂。父死不惊，惟四阿哥嗣位则惊而欲疯也。是凶问到京，而嗣主之问犹未到也；是阿其那等并无一传讯于兄弟间，仍凭隆科多一语而始露也；是在园在京所得传位之末命，皆出于隆科多之口也。夫允礼之见用，由怡亲王力保。允礼见奖于世宗，则缘能承世宗之意旨，首先搏击未败之阿其那，则所谓“公忠为国，诚敬不欺”之褒语，当知所由致也。此亦可用《上谕八旗》证之。雍正二年三月十三日，镶红旗满洲都统多罗果郡王允礼等将工部知会该旗文内，抬写廉亲王之处参奏。奉上谕：“如此方是，甚属可嘉。王大臣所行果能如此，朕之保全骨肉，亦可以自必矣。将此奏交该部察议，并将朕此旨，令文武大臣等咸各阅看。如有腹诽之人，伊之居心岂不自知？自有上天鉴之。特谕。”云云。阿其那是时尚为廉亲王，工部之行文抬写亲王，亦必不自当日始。允礼特假世宗所欲摧折之人而发之，自是公忠诚敬之所表见矣。

隆科多所受者为末命，而世宗谕中，言其所传者为遗诏，可知传位之命，至圣祖崩后方出。则谓与诸王子同受命于崩日之寅刻者，后来修《实录》时所斟酌而出，非当时实状也，其实状奈何？仍以世宗谕旨证之。

雍正七年十月戊申，《东华录》中有一长谕，凡千余言，为曾静案而发。曾静服膺吕留良，内中国，外夷狄，思故明，仇满洲。而谕中曲宥曾静，独恨恨于阿其那、塞思黑。夫此二人，纵极仇视世宗，何至为种族相仇之祸首，仅读《东华录》，孰不怀疑？逮证以《大义觉迷录》，乃知《东华录》所存，仅其首尾，中间正是世宗私德，而以传位一事，独为正确之秘密。世宗惟信其漏泄者为相嫉之诸弟，而泄之于诸弟者即隆科多，故隆科多与诸弟皆获重谴。始以为已消弭于肘腋之地，逮曾静案发，而后知已通国流闻。故一见曾静之所谓逆书，即确信非曾静所能自造，穷追谣诼之本，必获阿其那等线索而后已。而又自以为济之以雄辩，广之以刊版，行之以官力，借庠序为宣传，与宣讲《圣谕广训》等，为师儒之职掌，从此可以释天下之疑，而明己之无此过咎，故心感曾静之与以宣传机会，心焉祖之。然后知曾静一案，世言为种族之见，乃乾隆以来高宗所再布之疑阵，非是案之本情也。

前言圣祖传位于四阿哥之遗诏，《实录》言崩日寅刻所发，用世宗谕文，已证明为戌刻圣祖崩后始入受传者之耳，为不近情。夫证以一谕之文义，犹或可云意有出入。今再以一谕证之。雍正二年八月壬辰（上谕内阁作八月二十二），《东华录》所载谕文中有云："前岁十一月十三日，皇考宾天之后，朕缵承大业，授受之际，中外敉宁，以承国家之善庆"云云。此数语平淡无奇，无可据为受遗时刻之定谳。《上谕内阁》中载此谕，则未入《实录》之先，原作"朕向者不特无意于大位，心实苦之。前岁十一月十三日，皇考宾天之后，方宣旨与朕，朕岂可明知而任国家之扰乱乎？不得已缵承大业。皇考圣明，凡事预定，所以大业授受之际，太平无事，以成国家之善庆"云云。据此删改之迹，修《实录》已知受遗诏于隆科多之口为大嫌疑，故有此笔削。而世宗惟舍曰欲之，又必为之辞，遂留若干罅隙于后世，供人评骘。《传》云："吉人之辞寡，躁人之辞多。"世宗惟欲以宣传救事实，转蹈言多必失之弊。孝子慈孙，欲为补救，而笔舌之流播太广，顾此失彼，方注意于《实录》之掩饰，又不意《上谕内阁》之上半部已刊行于雍正九年以前。古云："万言万当，不如一默。"又况本系作伪，安怪其心劳日拙乎！

此谕中又有"苏努等怀挟伊祖旧仇，专意离间宗支，使互有烦言，人人不睦"等语。苏努为太祖长子褚英之玄孙。褚英佐太祖并吞同种，以功授"洪巴图鲁"号，又称广略贝勒。天命将改元前，为太祖所诛。明人记载谓洪巴图鲁谏太祖叛明，遂杀之，而后僭号。康熙、雍正两朝《实录》，屡言褚英之后专复祖仇，挑拨于诸皇子之间。其实苏努辈皆祖允禩、允禟等，不甘心于世宗之巧取，世宗所仇，而加以远年恩怨之牵合。《圣祖实录》即世宗所修，凡因诸皇子所发不近情之言，或出世宗之意，不敢信为圣祖真面目也。此事当别论，不能尽于本篇之内。惟七年十月戊申一谕，为隆科多受遗世宗承统之要证，今存库《实录》尽没其文，《东华录》尚得其节本。今录《觉迷录》全文，以供论证：

上谕：自古凶顽之徒，心怀悖逆，语涉诋诬者，史册所载，不可枚举。然如今日曾静此事之怪诞离奇，诪张为幻，实从古所未有，为人心之所共忿，国法之所断不可宽者。然朕往复思之，若伊讪谤之语，有一事之实，在朕有几微不可问心之处，则不但曾静当蓄不臣之心，即天下臣民，亦应共怀离异之志。若所言字字皆虚，与朕躬毫无干涉，此不过如荒山穷谷之中，偶闻犬吠鸹鸣而已，又安得谓之讪谤乎？上年此事初发之时，朕即坦然于怀，实无丝毫忿怒之意，笑而览之，此左右大臣皆深知之。嗣令侍郎杭奕禄、副都统海兰前往湖南，拘曾静到案，明白晓谕，逐事开导，动以天良，祛其迷惑。而伊始豁然醒悟，悔过感恩。其亲笔口供不下数万言，皆本于良心之发见，而深恨从前之误听浮言，遂妄萌悖逆之念，甘蹈赤族之诛也。盖其分别华夷中外之见，则蔽锢陷溺于吕留良不臣之邪说；而其谤及朕躬者，则阿其那、塞思黑、允禵、允䄉等之逆党奸徒，造作蜚语，布散传播，而伊误信以为实之所致。自上年至今，已将一载，朕留心体察，并令内外大臣，各处根究。今此案内著邪书造谤言之首恶俱已败露，确有证据，并不始于曾静者尽明白矣。与朕初意毫无差谬，则曾静之误听，尚有可原之情，而无必不可宽之罪也。

据曾静供称，伊在湖南，有人传说，先帝欲将大统传与允禵。圣躬不豫时，降旨召允禵来京，其旨为隆科多所隐。先帝宾天之日，允禵不到，隆科多传旨，遂立当今。其他诬谤之语，得之于从京发遣广西人犯之口者居多等语。

又据曾静供出，传言之陈帝锡、陈象侯、何立忠三人，昨从湖南解送来京，朕令杭奕禄等讯问，此等诬谤之语，得自何人。陈帝锡等供称，路遇四人，似旗员举动，憩息邮亭，实为此语。其行装衣履，是远行之客，有跟随担负行李之人，言从京师王府中来，广东公干等语。查数年以来，从京发遣广西人犯，多系阿其那、塞思黑、允禟、允禵门下之太监等匪类，此辈听伊主之指使，到处捏造，肆行流布。

现据广西巡抚金鉷奏报，有造作逆语之凶犯数人，陆续解到。讯据逆贼耿精忠之孙耿六格供称，伊先充发在三姓地方，时于八宝家中，有太监于义、何玉柱向八宝女人谈论圣祖皇帝原传十四阿哥允禵天下，皇上将“十”字改为“于”字。又云圣祖皇帝在畅春园病重，皇上就进一碗人参汤，不知何如，圣祖皇帝就崩了驾，皇上就登了位。随将允禵调回囚系，太后要见允禵，皇上大怒，太后于铁柱上撞死，皇上又把和妃及他妃嫔都留于宫中等语。又据达色供，有阿其那之太监马起云向伊说，皇上令塞思黑去见活佛，太后说:“何苦如此用心?”皇上不理跑出来，太后怒甚，就撞死了，塞思黑之母亲亦即自缢而亡等语。又据佐领华赉供称，伊在三姓地方为协领时，曾听见太监关格说皇上气愤母亲，陷害兄弟等语。八宝乃允禟管都统时用事之鹰犬，因抄抢苏克济家私一案，圣祖皇帝特行发遣之恶犯，何玉柱乃塞思黑之心腹太监，关格系允禟亲信之太监，马起云系阿其那之太监，其他如允禵之太监马守柱，允禟之太监王进朝、吴守义等，皆平日听受阿其那等之逆论，悉从伊等之指使，是以肆行诬捏，到处传播流言，欲以摇惑人心，泄其私忿。昨据湖南巡抚赵弘恩等一一查出奏称，查得逆犯耿六格、吴守义、马守柱、达色、霍成等，经过各处，沿途称冤，逢人讪谤，解送之兵役，住宿之店家等，皆共闻之。凡遇村店城市，高声呼招："你们都来听新皇帝的新闻，我们已受冤屈，要向你们告诉，好等你们向人传说。"又云："只好问我们的罪，岂能封我们的口"等语。是此等鬼蜮之伎俩，一无所施，蓄心设谋，惟以布散恶言，为煽动之计，冀侥幸于万一而已。夫允禵平日素为圣祖皇考所轻贱，从未有一嘉予之语。曾有向太后闲论之旨："汝之小儿子，即与汝之大儿子当护卫使令，彼亦不要。"此太后宫内人所共知者，圣祖皇考之鄙贱允禵也如此。而逆党乃云圣意欲传大位于允禵，独不思皇考春秋已高，岂有将欲传大位之人，令其在边远数千里外之理，虽天下至愚之人，亦知必无是事矣。只因西陲用兵，圣祖皇考之意，欲以皇子虚名坐镇，知允禵在京毫无用处，况秉性愚悍，素不安静，实借此驱远之意也。

朕自幼蒙皇考钟爱器重，在诸兄弟之上，宫中何人不知？及至传位于朕之遗诏，乃诸兄弟面承于御榻之前者，是以诸兄弟皆俯首臣伏于朕前，而不敢有异议。今乃云皇考欲传位于允禵，隆科多更改遗诏，传位于朕。是尊允禵而辱朕躬，并辱皇考之旨，焉有不遭上帝皇考之诛殛者乎？朕即位之初，召允禵来京者，彼时朕垂涕向近侍大臣云："痛值皇考升遐大故，允禵不得在京，何以无福至此，应降旨宣召，俾得来京，以尽子臣之心。"此实朕之本意，并非防范疑忌而召之来也。以允禵之庸劣狂愚，无才无识，威不足以服众，德不足以感人，而陕西地方，复有总督年羹尧等在彼弹压，允禵所统者不过兵丁数千人耳，又悉皆满洲世受国恩之辈，而父母妻子俱在京师，岂肯听允禵之指使，而从为背逆之举乎？其以朕为防范允禵召之来京者，皆奸党高增允禵声价之论也。

及允禵到京之时，先行文礼部询问见朕仪注，举朝无不骇异。及到京见朕，其举动乖张，词气傲慢，狂悖之状，不可殚述。朕皆隐忍宽容之。朕曾奏请皇太后召见允禵，太后谕云:“我只知皇帝是我亲子，允禵不过与众阿哥一般耳，未有与我分外更亲处也。”不允。朕又请可令允禵同诸兄弟入见否，太后方俞允。诸兄弟同允禵进见时，皇太后并未向允禵分外一语也。此现在诸王阿哥所共知者。后允禵于朕前肆其咆哮，种种不法，太后闻知，特降慈旨，命朕切责允禵，严加训诲之，此亦宫中人所共知者。允禵之至陵上，相去太后晏驾之前三四月，而云太后欲见允禵而不得，是何论也！且何玉柱等云，太后因闻囚禁允禵而崩，马起云向伊妹夫达色又云，太后因闻塞思黑去见活佛而崩，同一诬捏之语，彼此参差不一者如此。

且塞思黑之去西大同，在雍正元年二月，朕将不得已之情，曾备悉奏闻太后，太后是而遣之者，并非未请慈旨，太后不知不允之事也。即允禵之命往守陵，亦奏闻太后，欣喜嘉许而遣之者，亦非太后不知不允之事也。雍正元年五月，太后升遐之时，允禵来京，朕降旨封伊为郡王，切加教导，望其省改前愆，受朕恩眷。后伊仍回陵寝地方居住。其间阿其那在京，塞思黑在陕，悖乱之迹，日益显著，是其逆心必不可折，邪党必不肯散。而雍正四年，又有奸民蔡怀玺投书允禵院中，劝其谋逆之事，朕始将允禵召回京师拘禁之。是允禵之拘禁，乃太后升遐三年以后之事，今乃云太后因允禵囚禁而崩，何其造作之舛错，至此极耶？

又马起云云塞思黑之母亲自缢而亡，现今宜母妃，朕遵皇考遗旨，著恒亲王奉养于伊府中，而逆贼等以为昔年自缢，真鬼魅罔谈也。前康熙四十七年，圣祖皇考圣躬违豫，朕与诸医同诚亲王等，昼夜检点医药，而阿其那置若罔闻。至圣体大安，朕与之互相庆幸，而阿其那攒眉向朕言："目前何尝不好，虽然如此，但将来之事奈何？"是阿其那残忍不孝之心，不觉其出诸口矣。朕曾将伊不是处对众宣扬羞辱之，而伊深以为愧恨。今乃以六十一年之进奉汤药，加恶名于朕，可谓丧尽天理之报复，无怪乎遭神明之诛殛也。

至于和妃母妃之言，尤为怪异莫测。朕于皇考之宫人，俱未曾有一见面者，况诸母妃辈乎？七年来，如当年皇考宫中之人，即使令女子辈，若曾有一人在朕左右，朕实不能对天日以君临兆庶也。

又曾静供称：伊在湖南时，传闻皇上令浙江开捐纳之例，欲将银六百万两，修造西湖为游幸之地。彼时为其所惑，今乃知皆奸党造作毫无影响之语，无所不至。夫西湖所有昔年地方官盖造之地宫，朕尚皆令改作佛宇矣，而奸党云欲捐纳银两，修造西湖为游幸之地，不知出自何论？

又三姓地方，有人造播流言：皇上在芦沟桥盖造官房，收往来客商之饭钱等语。朕因应试士子来京者，桥上查检行李，不免风雨露处之苦，是以特发帑金，盖造房舍，俾其住歇，令管理税务之人到店验看应试文凭，即令放行。在士子辈既有投足之地，又可免奸商冒充应试之人，致于漏税之咎。此朕之仁政，直省举子感恩颂德之事。而奸党以朕为欲收客商饭钱，作此等诬谤之语，实为可笑，亦可怪也。

阿其那、允禵纵酒无忌，而加朕以酗酒之名。

阿其那等蓄心阴险，存倾陷国家之念，怀与皇考为仇之心，而反一一加之于朕。总因阿其那等平日之逆谋不遂，畜养匪类者久矣，播散讹言，分门立户，各各收买党羽，欲以鼓惑人之耳目，俾素蓄逆念之人，蠢动而起，然后快心，祖宗之社稷，所不顾也。夫加朕以凶暴恶名，其罪犹轻，独不念圣祖皇考六十余年之丰功懋烈，而作如此归结，岂为人子者所忍为乎？阿其那、塞思黑等之罪，实万死不足以赎矣。

伊等之奸谋若此，目今败露者即不胜其数，其他匪类邪党之听其驱使者奚止数千百人？造作种种诬谤之语，已流散于极边远塞，则宇宙之内，乡曲愚人为其所惑者，岂止曾静数人而已哉？即如三姓之协领华赉，身在地方，有稽查之责，乃伊将所见所闻，俱行隐瞒，不以入告，朕在九重大内，何由而知之，何从而究之，又何自而剖晰开示，使天下臣民共晓之？今蒙上天皇考俯垂默佑，令神明驱使曾静自行投首于总督岳钟琪之前，俾造书造谤之奸人，一一呈露，朕方得知若辈残忍之情形，明目张胆，将平日之居心行事，遍谕荒陬僻壤之黎民，而不为浮言所惑于万一，亦可知阿其那、塞思黑等蓄心之惨毒，不忠不孝，为天祖之所不容，国法之所难宥处，天下后世，亦得谅朕不得已之苦衷矣。此朕不幸中之大幸，非人力之所能为者。即此则曾静不为无功，即此可以宽其诛矣。

从来奸宄凶丑，造作妖言，欲以诬民惑众者，无时无之。即如从前妖言云:“帝出三江口，嘉湖作战场。”此语已流传三十余年矣。又如广西张淑荣等言:“钦天监奏，紫微星落于福建，今朝廷隆旨，遣人至闽，将三岁以上九岁以下之男子，悉行诛戮。”又如山东人张玉，假称朱姓系前明后裔，遇星士推算，伊有帝王之命。似此诞幻荒唐，有关世道人心之语，往往地方大臣官员，希图省事，目为疯癫，苟且掩护于一时，而未念及其迷惑之害，日月渐远，传播渐多，遂不能究问其所自来，转令无辜之人受其牵累，此皆庸碌无能、视国家利害于膜外之大臣等养痈之害也。

又如村塾训蒙之人，本无知识，而又穷困无聊，心怀抑郁，往往造为俚鄙怪妄之歌词，授于村童传唱，而不知者遂误认以为童谣，转相流布，此皆奸民之欲煽惑人心紊乱国法者，地方大吏有司，视为泛常，不加稽察惩创，以防其渐，可乎？前年有人捏称侍郎舒楞额密奏八旗领米一事，欲以摇惑旗人之心，舒楞额闻之，据实入奏，比时朕随降旨根究，即得其造言之人，加以惩戒。凡属流言初起之时，若地方大臣，能肯悉心穷究，必能得其根由，使奸宄不至漏网，庸愚无知，亦不至拖累，其有裨于人心世道者，良非浅鲜。今因曾静之事，而查出首先造谤之渠魁，盖以此案发觉尚早，易于追寻，故可递推而得其根源也。

且朕之宽宥曾静，非矫情好名而为此举也。《虞书》曰："宥过无大，刑故无小。"曾静之过虽大，实有可原之情。昔我皇考时时训诲子臣曰："凡人孰能无过，若过而能改，即自新迁善之机。故人以改过为贵，但实能改过者，无论所犯之大小，皆不当罪之也。"朕祇承圣训，日以改过望天下之人，盖过大而能改，胜于过小而不能改者。若曾静可谓知改过者矣。朕赦曾静，正欲使天下臣民，知朕于改过之人，无不可赦之罪，相率而趋于自新之路也。且朕治天下，不以私喜而赏一人，不以私怒而罚一人。曾静狂悖之言，止于谤及朕躬，并无反叛之实事，亦无同谋之众党。彼跳梁逆命之人，果能束身归命，畏罪投诚，尚且邀赦宥之典，岂曾静独不可贷其一死乎？且曾静之前后各供，俱系伊亲笔书写，并非有所勉强，亦并非有人隐授意指，实由于天良感动，是以其悛悔之心，迫切诚恳，形于纸笔，此乃其可原之情，并非以其为谄媚颂扬之词，而欲宽其罪也。若今日喜其谄媚而曲宥之，则从前即当怒其诬谤而速诛之矣。况曾静今日颂扬之词，较之从前诬谤之语，其轻重悬殊，何止什佰，论其情罪，岂足相抵。若有人议朕喜曾静之谄媚而免其罪者，则与曾静从前之犬吠钳鸣无以异矣。然朕亦不论，除造作布散流言之逆党，

> 另行审明正法外，著将曾静、张熙免罪释放，并将伊之逆书，及前后审讯诘问之语，与伊口供，一一刊刻颁布，使天下人共知之。
>
> 楚省地方大小官员等，平日既不能宣布国恩，敷扬朕训，化诲百姓，尽去邪心，致有此等愚昧狂乱之人，实有忝于父母斯民之责，此则深当愧耻者。今若以羞忿怨恨之心，或将曾静、张熙有暗中贼害情形，朕必问以抵偿之罪。曾静等系朕特旨赦宥之人，彼本地之人，若以其贻羞桑梓，有嫉恶暗伤者，其治罪亦然。即朕之子孙，将来亦不得以其诋毁朕躬，而追究诛戮之。盖曾静之事，不与吕留良等。吕留良之罪，乃皇考当日所未知而未赦者，是以朕今日可以明正其罪，若曾蒙皇考赦免之旨，则朕亦自遵旨而曲宥其辜矣。特谕。

上谕，今库本《实录》并无一字，蒋氏《东华录》本亦无。蒋所节录原极简，若肯如王录之繁，其所见之《实录》，必远过于王氏。王录则尚存首尾，其首从谕文第一句起，至“而无必不可宽之罪也”句止，以下“据曾静供称”云云，至“而加朕以酗酒之名”句为止，全然删去，文中用括弧标出。以下从“阿其那等蓄心阴险”句起，至谕文之末为尾段。据此，则光绪以前之《世宗实录》，自谓能为尊者讳，而仍启后人之疑念。光绪以后之重修，直根本没其痕迹，于干蛊之计良得。

前谕中证明世俗流传世宗之得位，以遗诏中“十”字改作“于”字之故，并非久后野人之语，实是当时宫廷中宣布之言。夫曾静逆书，既可以无言不尽，则世宗于此书，如果胸中原无此影，自应决为曾静所捏造，以意处分之而已。乃一见即推其来由，信其决非曾静所能虚构，是惟自知其事实之吻合，即语所从出，胸已了然，惟待推得其传说者之主名耳。至其辩诉之词，云圣祖如何轻允禵而重己，太后如何恶允禵而爱己，皆逝者无可对证之语。

命往守陵，岂能自由，乃辩其拘禁在三年之后，且母后所生两子，何故自分轩轾如此，亦太远于人情。至以召回允禵，为悯其无福送圣祖之终，则他谕旨中又可证其不然。惟允禵在军中为年羹尧所弹压，无能为变，此则非谬。羹尧适为雍邸心腹，世宗之立，内得力于隆科多，外得力于年羹尧，确为实事。今悉以世宗谕旨明之。

《上谕内阁》：

二年闰四月十四日（《东华录》作丁亥），奉上谕：阿布兰虽系宗室，朕素不深知。在皇考时，伊于委任之事，尚为勉力，廉亲王又于朕前保奏，朕因特加殊恩，晋封贝勒，赏给佐领，又令总理事务。外人不知，以为阿布兰曾奏闻二阿哥矾书一事，故尔擢用。不知矾书事败，阿布兰尚自迟疑未奏，系贝勒苏努指使奏闻，非其本心也。阿布兰自任用以来，并不实心效力，而且素行卑污。前大将军允禵自军前回时，伊特出班跪接，从来宗室公于诸王、阿哥，并无此例也。宗人府建立碑亭，翰林院所撰之文，阿布兰以为不佳，另行改撰，并不颂扬皇考功德，惟称赞大将军允禵，拟文勒石。朕即位后，伊自知诬谬，复行磨去。办理旗务，每每徇私。近参奏佐领一事，经朕交部查出，曾传示众大臣。似此罪恶种种，朕是以交宗人府议处，非有别意也。若即将伊革斥，众人不知，以为何以旋用旋斥，遂生议论，则是与廉亲王封王时，向致贺者云“何喜之有，不知死在何日”之语相符矣。朕若不将此详谕尔等，无论旧时王大臣，即朕所用之廉亲王、怡亲王、阿尔松阿、励廷仪等，亦人怀惧心矣。

如贝子允祹，人甚平常，朕虽加以殊恩，封之王爵，任以部务，并不黾勉效力。其性好事，其行琐屑。再孛英贵、勒席恒俱朕施恩擢用之人，因其不肖，有负朕恩，始行革退。

> 善则用之，不善则退之，朕素性也。皇考每训朕，诸事当戒急用忍，屡降谕旨，朕敬书于居室之所，观瞻自警。今于阿布兰，既不详察而用之太急，至于不可宽宥之罪，又不便隐忍，则皇考训诫之圣明益著，而朕亦知过矣。阿布兰应得何罪之处，朕殊难降旨，尔部院满大臣会同宗人府定议具奏。

此谕详其本意，不专为阿布兰，而实用以激刺允禩、允䄉诸弟。允禩此时尚未变为阿其那，既提其可获重谴之语，又与所尊信之怡亲王等同论，嬉笑怒骂，不伦不类。《东华录》中皆去之，但就阿布兰一人数说，已非世宗发言本意。但就其所言，亦足证圣祖继统简在允禵之说，逐一明之。

矾书案在康熙五十四年十一月，《东华录》书其日为庚子。太子既废，因福金有病，招医生贺孟頫治病，令贺医用矾水写字往来，一则属托公普奇保举为大将军，二则从前泽卜尊丹巴胡土克图言二阿哥灾星未脱，因探听此僧来京之信。又称皇上有褒奖二阿哥之旨，各处探听，希冀释放。普奇具悉其情，不行奏闻。阿布兰首告，宗人府奏普奇应绞立决，贺孟頫斩立决。得旨普奇拘禁，贺孟頫斩监候。普奇与阿布兰同为褚英之后，褚英长子安平贝勒杜度之曾孙。杜度以军功显。世宗以为此一支宗室，世有为祖报仇之意。然圣祖之向用，至废太子亦求其保举，则非圣祖之所疏远可知。废太子之矾书通信，所求皆可以矜怜之事，亦无所为恶逆。其求保为大将军以自效，皇子之重视大将军可知。废太子求之而得罪，允禵承圣祖之命而得之，其为将降大任，固自可信。阿布兰不惮开罪于废太子，而独求媚于允禵，宗室间固已信其将继大业矣，立碑颂大将军功德，在康熙间不惧得罪，至雍正初乃磨去其文，可知圣祖之意，不以颂扬大将军为非，自有拟为储贰之意。众望如此，上意如彼，而世宗谓任允禵为大将军，厌恶而远之，此在世宗言之则然。威福在心，谁敢驳辨不得不留待考之余地矣。

至允禵之不需防范，世宗实倚年羹尧。自允禵赴大将军之任，即箝制之。雍邸私人，尚有以防范为说者，未知世宗之早占先著也。《故宫文献丛编》载戴铎口供云:“奴才自汤山叩送，当主子天恩教诲，至今四五年来，刻刻以心自勉，虽不敢谓希贤二字，而天地神明可鉴，各处官民可访。在任时几十万钱粮不清，奴才始终不避嫌怨，为主子出力。乃闻主子龙飞九五，奴才曾向巡抚蔡珽说恐怕西边十四爷与总督年羹尧等有事，奴才等当以死自誓，例借给兵丁钱粮，冀用其力，此奴才之愚衷也。”据此，则言防范者乃并年羹尧防止，徒为世宗之所窃笑。

羹尧自雍邸初建，即为邸属，进妹为世宗妃。当康熙间，臣僚某为某邸私人，形诸章奏不讳。《故宫掌故丛编·年羹尧折》，有《回奏孟光祖至川情形折》，康熙五十六年五月二十日所具，中云:“查孟光祖当日一到成都，臣即面加切责，勒令起身。彼时果有亲王所赏物件，臣已收受，即不奏明，应有谢启，若直受而不禀谢，臣系旗人，虽至愚必不敢无礼至此。又谓臣有馈送，臣何故切责其人，勒令起身，又以银骡取其欢心？且属雍亲王门下，八载于兹，雍亲王并未遣人至川赏赐物件，则诚亲王何遽有赏赐？此又臣之至愚，所能辨晰者。臣自奉旨缉拿之日，俱已一一奏明，孟光祖果有赍来亲王赏物，并臣有馈送之处，又何敢隐匿不奏，自蹈欺狂之条”云云。此折在五十六年，则八载以前，乃康熙四十八九年间。世宗以康熙十七年十月三十日生，四十八年封雍亲王，则所云属王门下，乃雍邸始立时属之地。

年妃之归世宗，不知在何年，其生皇第四女，在康熙五十四年三月十二日。世宗封贝勒，在三十七年，年二十一。封雍亲王在四十八年，年三十二。妃之入侍，当在羹尧属雍邸之后。最后生皇子福沛，在雍正元年五月，三年十一月二十三日卒。羹尧已得罪，未几赐死。盖羹尧之为功臣，平青海之功小，箝制允禵之功大。世宗纽合年羹尧、隆科多两人为一体，可见其同效一事之力。又皆已挟功泄漏秘密遭忌，隆禁锢而年杀身。高鸟尽，良弓藏，对敌国外患者且然。彼敌国外患，或尚有迭起之时，若用秘计扶人作天子，则天位一定，早已属镂之柄授之矣。年羹尧粗材浅躁，乌足知之！

隆科多何以能独擅圣祖凭几之末命，此当考清室尊重内亲之习惯而知之。先言隆科多之家世。隆科多姓佟氏，曾祖佟养正，以明之辽东总兵叛投清太祖。国史讳其为贰臣，史馆旧传云："养正辽东人，其先为满洲，世居佟佳，以地为氏。祖达尔哈齐，以贸易寓居开原，继迁抚顺，遂家焉。天命初，有从弟佟养性输诚太祖高皇帝，于是大军征明克抚顺，遂挈家并族属来归，隶汉军。六年，从征辽阳，以功授三等轻车都尉，奉命驻守朝鲜界之镇江城。时城守中军陈良策，潜通明将毛文龙，诈令谍者称兵至，各堡皆呼噪，城中大惊，良策乘乱据城叛，佟养正被执，不屈死之。长子佟丰年并从者六十人俱被害，诏以次子佟图赖袭世职。佟图赖初名佟盛年，后改今名"云云。佟养性与李永芳俱以叛降太祖，太祖配以族女，均称额附。养正之降，据国史在养性后，然子孙之贵显，以养正为尤盛，至今北人语侈之曰"佟半朝"。盖圣祖之生母孝康章皇后为佟图赖女，世宗之嫡母孝懿仁皇后为图赖子国维女，两朝全盛之国戚，出于一家。养正以死于毛文龙之故，《清史》且称以忠义，《耆献类征》于《忠义传》之首。而明时记载，则云"大逆佟养正伏诛"。文龙缘此一胜，为王化贞所奇赏，而熊廷弼以为发之太早，破三方布置成算，不当言功，熊王冰炭，朝议水火，是为经抚不和之始。《明史》自不记养正事，明记载亦不详养正事实。《朝鲜实录·宣祖朝实录》有云：

三十二年（万历二十七年）乙酉，上幸佟副总（养正）所馆。行拜礼，坐定，上曰："有贱疾，颇迟岁礼，心甚未

> 安。”副总曰：“屡承临视之命，而恐劳贵体，不敢承当。”上曰：“昔播西方，蒙大人之赐多矣。大人今来敝馆，如支供之事，亦知凉薄，常怀愧叹。”副总曰：“曾无尺寸之效，有何谢为？此来屡荷盛情，不知攸谕。”上曰：“大人输军资于敝邦，而多所裨补，未安。”副总曰：“固是事理当为，何裨补之有？“（天朝以养正误荐杨元之故，使赎军粮，以资东征。）行茶酒礼，副总曰：“大贼退遁，新年积庆，当以一杯称贺，而自恨量少。第贼退之后，沿海戍守之备，何以为措？”上曰：“专赖天威，得有今日，而南边一带无人烟，不知所以为自固之计。收拾之间，愿留多小兵马，曾将此意告于军门矣。然愿闻诸大人之教。”副总曰：“多留兵则乏食，小留则无益，以浅见言之，贵邦亟选精兵一万，教以南兵之长技，分守海岸，或有益也。熟观此地，人心怠慢，事不及机，贼若复来，当何以御之？所见如是，不敢不达。”上曰：“轸念小邦，见教丁宁，不胜感激，教意谨留心。”上曰：“大人驻辽阳，心知老胡声息，近复如何？”曰：“老胡比岁效顺，贡献不绝。概闻其结婚于开元㺚子，开㺚欲引老胡犯辽阳云，而时无动静。俺家住距㺚子地方三百余里，明知其众不过一万，设或起发，不大紧，然在我之备，不可缓忽。咸镜一带，另加防备，江界近处，则山峻且险，胡虏以驰突为长技，无虞也。”上曰：“始闻实状，多谢。”遂呈礼物而出。

时在倭寇初退朝鲜复国后。朝鲜倭难在万历二十一年至二十六年，养正已为东征军将，今来朝鲜。所云“大贼”，乃指日本；后云“老胡”，则指清太祖。（太祖之名，清定名努尔哈齐，明人谓之奴儿哈赤，或作老哈赤，朝鲜又作老可赤，明谓建州兵为“奴贼”，朝鲜称“老贼”也。）此时养正未降太祖，太祖亦未扰明边，朝鲜已知其声势，明人视之则甚忽。云家距“㺚子地方三百余里”，盖以女真为“獃”，已与蒙古之“韃”并称，而其相距，则佟家抚顺至太祖所居宁官塔，即后之兴京之里程也。养正是时已为明副将，至天命初将及二十年，养正始降，盖辽籍武职大员，清特讳言之。

国维在圣祖时，尊之曰“舅舅佟国维”，以太后弟兄而又为皇后之父，外戚隆重。晚以激圣祖废储，虽既废而为圣祖所憾，康熙末国维死，圣祖不予其子袭承恩公职。盖国维亦祖允禩，而国纲子鄂伦岱，尤世宗所指目为阿其那党，佟氏一家，除隆科多外，皆非暱世宗者。隆科多独出此间道，以博殊常之富贵，世宗之所以许相酬报者，事不可考。就官书及秘档之今发见者征之，蒋氏《东华录》康熙六十一年十一月甲午（十三日，圣祖崩日）：“安奉大行皇帝于乾清宫，以乾清宫东庑为倚庐，命贝勒允禩，十三阿哥允祥，大学士马齐，尚书隆科多总理事务。召大将军十四阿哥允禵，令与弘曙驰驿来京。命公延信驰驿赴甘州，管理大将军印务。辛丑，上即皇帝位，御太和殿，以明年为雍正元年。谕内阁：嗣后启奏处书写‘舅舅隆科多’。先是隆科多父佟国维，以孝懿仁皇后父封一等公，康熙五十八年卒，其一等公爵，所司以承袭请旨，疏留中，至是命隆科多袭。”据此则大行未殓，隆科多已受命为总理四大臣之一。王录尚有之。即位之日，首尊舅舅写法，及承袭已寝之爵命，王录已削之矣。

《上谕内阁》：“六十一年十一月二十一日（即位之翌日）谕内阁：舅舅佟国维袭公奏折，蒙皇考收贮机密事件之内。敬思皇考必另有主见，始行收贮。孝懿皇后，朕之养母，则隆科多即朕之亲舅，此公爵着隆科多承袭。交与该部，修理舅舅坟茔，加祭一次。”按世宗为德妃乌雅氏所生，而佟后则于康熙二十八年由皇贵妃册为皇后，翼日而崩。世宗尊父命，则当严嫡庶之分，不曰“嫡母”，而曰“养母”，殆宫中自有同为妃侍之旧情，舍名分而以养母之故，认隆科多为亲舅。夫嫡母之弟，何尝非亲舅？尊佟氏则亦无需违弃父命，乃特示私暱以笼络隆科多而有此言。夫国维袭公疏留中，不准亦不驳，厌之而亦不欲显斥之，以全外戚颜面，有何深意？欲贵隆科多，何患无辞乎？录旧史馆《佟国维传》，以存真相：

佟国维，满洲镶黄旗人（佟国纲请入满洲籍，部议国纲本支准改入满洲，佟姓官职众多，应仍留汉军现任，故国维则竟称满洲矣），都统佟图赖次子。顺治十七年，任一等侍卫。圣祖仁皇帝康熙九年，授内大臣。十二年冬，逆藩吴三桂反，其子吴应熊居京师。明年春，逆党谋为不轨，以红帽为号，国维发其事，奉命率侍卫三十人至大佛寺，擒缚十数人，械送刑部，鞫实伏法。二十一年，授领侍卫内大臣，寻列议政大臣。二十八年，因国维为孝懿仁皇后之父，封一等公。二十九年七月，大将征噶尔丹，命国维参赞军务。八月，次乌兰布通，国维与兄都统佟国纲并率左翼兵进击，国纲循河岸战殁，国维由山腰绕贼后击之，溃遁。师还，以噶尔丹既败，不率兵追剿，部议革职，得旨罢议政，降四级留任。三十五年，上亲征噶尔丹，国维从，甫出独石口，以驼载迟滞，疏于管摄，自请处分，上贳之。三十六年，复从上征噶尔丹，至宁夏，闻噶尔丹窜死，上回銮。叙前随征功，复所降四级。四十三年，诏赈山东流民之就食京师者，以国维同内大臣明珠等监赈，寻以年老解任。四十八年正月，召国维与诸大臣并集，传旨诘问曰："前因有人为皇太子条奏，朕降朱笔谕旨示谕大臣，尔曾奏称'皇上办事精明，天下人无不知晓，断无错误之处。此事于圣躬关系甚大，若日后易于措处，祈速赐睿断；或日后难于措处，亦祈赐睿断。总之将原定主意，熟虑施行为善。'尔系解任之人，此事与尔无涉，乃身先众人启奏，是何心哉？"国维奏曰："臣虽以庸愚解任，蒙皇上优厚。因圣体违和，冀望速愈，故奏请速定其事。今奉明旨询问，实无词以对。”奏入，奉谕曰：“将来诚如尔言，朕有难于措处，自不必言，众人亦将谓尔所奏果是矣；若朕无难措处，到彼时自知之耳。人其可怀私仇而妄言乎？”明日复谕曰：“尔年老之人，屡向朕所遣人云：‘每日祝天求佛，愿皇上万岁。’朕思自五帝以至今日，尚未及万载，朕何敢侈望及此！此皆以荒诞不经之谈欺朕，朕不信也。尔既有祈望朕躬易于措处之言，嗣后惟笃念朕躬，不于诸皇子中结为党羽，谓皆系吾君之子，一体看视，不有所依附而陷害其余，即俾朕躬易于措处之要务也。”二月，又谕曰：“尔前此易于措处、难于措处等语，竟似舍命陈奏。尔乃国家大臣，荣贵极矣，年已老迈，子孙甚多，若欲舍命，则见朕之病势渐增，即当亲身入内，奏云医生等既可入内，我又何不可入？亲身领医生诊看，昼夜侍奉汤药，使朕病得痊，方可称为实心。乃漠不相关，并未尝念及朕躬。朕仍赖皇太子及诸皇子昼夜侍奉，率领医人诊看，进药调理。仰蒙上天护佑，今日痊愈。由是观之，尔并非实心，乃置身两可，意谓皇上若获痊愈，我仍沾禄食，苟且度日；倘有不测，则皇太子将何所往，必合我言矣。此非尔之本意乎？皇太子允礽，前染疯疾，朕为国家而拘禁之，后详察被人镇压之处，将镇压物俱令掘去，其事乃明，今调理痊愈，始行释放，朕将此情由，俱曾朱笔书出，详悉谕诸大臣。今譬有人，因染病持刀斫人，安可不行拘执；若已痊愈，亦安可不行释放，而必欲杀之乎？朕拘执皇太子时，并无他意，殊不知尔之肆出大言，激烈陈奏者系何心也？诸大臣之情状，朕已知之，不过碌碌素餐，全无知识，一闻尔所奏之言，众皆恐惧，欲立允禩为皇太子而列名保奏矣。朕临御既久，安享太平，并无难处之事。臣庶托赖朕躬，亦各安逸得所。今因尔所奏之言，及群下小人就中捏造言词，

> 所以大臣侍卫官员等，俱终日忧虑，若无生路者。此事关系甚重。乱民贼子自古有之，今观众人情状，果中尔所奏日后难于措处之言矣。尔闻外边匪类妄言，理应禁止；尔乃倡造大言，惊骇众心，有是理乎！尔既舍命陈奏，必有确见。其何以令朕躬及皇太子诸皇子志意安舒，不致殷忧，亦可明白陈奏。朕特降此旨，非欲诛尔也，因众皆忧虑，须事明后众心乃可定。尔当体念朕心，若怀藏私意，别有作为，天必诛之。”国维奏曰:“臣前所奏之言，俱载在档案，今并不推诿。众人因臣大言妄奏，皆畏惧列名，致贻圣体及皇太子、诸皇子之忧，臣罪莫大。皇上虽怜悯不诛，臣何颜生斯世？祈速赐诛戮以示众。”奏入，复奉谕曰:“朕今特为安抚群下，降旨申明，非欲有所诛戮也。尔前启奏时，外间匪类不知其故，因甚赞尔，云如此方谓之国家大臣，不惧死亡，敢行陈奏。今尔之情形毕露，人将谓尔为何如人耶？洵可耻之极矣。朕若诛尔，似类沽名。朕今断不诛尔，其坦怀勿惧，但不可卸责于朕躬。观尔迷妄之言，其亦被人镇魇欤？”五十八年正月卒，赐祭葬如例。世宗宪皇帝雍正元年，赠太傅，谥“端纯”。子隆科多，袭一等公，别有传。

佟国维在圣祖朝既因激劝立储，绝不为太子稍作调护，为圣祖所深憾。然卒不罪之于国维生前，此则圣祖之牵于外戚情爱，亦种佟氏后来得预大事之因者也。当圣祖末年，佟氏一门，皆为允禩之党。国维之为其党既如本传。国维有孙名舜安颜，尚圣祖第九女。据《公主表》：和硕温宪公主，孝恭仁皇后乌雅氏出，则世宗之同母妹也。以康熙二十二年九月生，三十九年九月下嫁舜安颜，四十一年七月薨，年二十。舜安颜尚主授额驸，康熙四十八年以党附皇八子允禩削额驸，禁锢。后释之。雍正二年，命总理三陵事务，授领侍卫内大臣，卒。据此，则国维虽以老不加罪，其余已获谴，而旋又释之，则仍推外戚之恩也。雍正初之复进用舜安颜，自缘佟氏方在熏炙之日。迨后隆科多被遣，王大臣议定重罪四十一款时，其大不敬等五款云:“皇上赏银三千两，令修理公主坟墓，隆科多迟至三年，竟不修理。”则此下嫁佟氏之公主，尚为罗织隆科多罪状中一种资料。此公主所归之佟国维孙，未知为隆科多之子，抑其从子。据《国维传》，则国维之子，惟见隆科多之名，或更无他子，则直为隆科多之子妇耳。国维之后，除隆科多外即为允禩党。国纲子鄂伦岱，尤世宗所疾首痛心，斥为阿其那党者。故云佟氏一门皆世宗敌党也。圣祖之于废储，未尝不引为深憾，而卒不免，其中不得已之故，盖有难言。康熙间名流集中，多有称颂太子才德，及优礼诸臣者，似又非风狂暴戾，如废储时谕旨所云，此当别为汇考矣。

国维生平行事，本无足观。本传大半截其议储忤旨一事，既有阴助阿其那之嫌，必非世宗之所喜。而世宗甫即位，以表章国维为第一事，其作用自必有在。《清史稿》国维等传论则曰:“理密亲王既废，自诸皇子允禟、允䄉辈及诸大臣多谋拥允禩，圣祖终不许，诚以储位至重，非可以觊觎攘夺而致也。佟国维陈奏激切，意若不利于故皇太子，语不及允禩而意有所在，马齐遂示意诸大臣。然二人皆非出本心，圣祖谅之，世宗亦谅之，故能恩礼勿替，赏延于后嗣。若阿灵阿父子、揆叙、鄂伦岱、王鸿绪，固拥允禩最力者，世宗既谴允禩，诸臣生者被重诛，死者蒙恶名，将安所逃罪？鸿绪又坐与徐乾学等朋比被论，事别见，故不著于篇”云云。此论颇不得本事情实。载笔在一二百年之后，又经列朝讳饰窜改之余，史馆诸人，非有专致力于此事之考核者，势不能洞见症结。盖允禩之为阿其那，并非追咎其夺嫡。雍正初，夺嫡案久定，而允禩方封为廉亲王，总理国事，极示尊贵，何尝有为故太子鸣不平之意，或且以鹬蚌之利，幸其为我驱除焉。后来卒以前预议储之事者，后仍不免私计于承统之秘密，乃始放手诛戮，以杜谤讪。其前死者率无所谴，则原无涉于承统以后弭谤之计也。《史稿》传论，独于马齐一传为较合耳。

隆科多之承殊眷，以年羹尧所受者例之，必有可骇之叹如年之比者在。而档案已湮，仅于年案中并见数事，可以推想得之。若其论隆科多罪状之事，亦有足证受遗案者。《隆科多旧传》："五年闰三月，宗人府劾奏辅国公阿布兰私以玉牒缮本与隆科多收藏在家，阿布兰革公爵圈禁。隆科多亦革公爵，仍命回奏。"此一事，骤读之殊不明，细考之，则阿布兰乃宗室，太祖之后，其家应有玉牒收藏。今北平市上，常发见故清宗室家藏本支一部分之玉牒。在康熙时，玉牒尚不繁重，宗室人数有限，阿布兰为太祖第五世孙，其得藏玉牒自无疑义。惟其所藏者是否得为玉牒全分，虽未敢决，但当时宗室，与现代帝系犹为甚亲，不似清末之传久系繁，袭爵世尽，至见面不相识，意所藏玉牒，亦简册无多，各支可得全分。而阿布兰即二年谕中谓其跪接允禵，撰碑颂大将军而不颂皇考者，盖为深信大将军即为储贰之人。其所以深信之故，或即于玉牒中获得有圣祖暗示之意。隆科多以汉人冒充旗籍，欲得玉牒何用？当是留此把鼻，以显己回天大力，是以得成为罪案。以前隆科多虽获谴，犹以革员往议俄罗斯边界事。自私藏玉牒案发，乃大震天威，命王大臣勘鞫，狱成定至重罪四十一款，则可知玉牒之关系大矣。

隆科多之口衔天宪，处分嗣统，既在圣祖崩逝之后，诸皇子何以一无牴牾，固缘世宗得此一语，即可握生杀大权？而急切中万一有所指挥，岂能无壁后置人之预备？细寻其机括所在，则隆科多方为步军统领，警跸中之武力，实在掌握。此与年羹尧之方为陕西四川总督，同一扼要。以此两人为拥戴君主名，圣祖晚年用人，天然为世宗嗣统布置，此不可谓非天相也。隆科多于康熙五十年，授提督九门步军巡捕三营统领；五十九年，擢理藩院尚书，仍管步军统领事。其四十一款重罪中，第一项大不敬五款，第一款即“私抄玉牒，收藏在家”。第三款则“妄拟诸葛亮，奏称白帝城受命之日，即是死期已至之时”。此款明是愤世宗背弃秘约，特提受遗事作负气之语。第二项欺罔四款，第二款“狂言妄奏提督之权甚大，一呼可聚二万兵。”此款亦有意味。隆科多在雍正初，仍留任九门提督，于三年正月解任，定罪时离提督任已久，岂非仍以受遗时镇定之力，自诩其功？但言之过甚，故为欺罔之罪。考《兵志》：步军统领所辖为左右翼总兵以下官，乃十六门门千总，海淀畅春园、树村汛、静宜园、乐善园设副将或守备各官不等，置兵共三千人。京城内九门、外七门，每门设千总二、门甲十，或二十、门军四十人。左翼总兵统步军营巡捕南左二营各汛官，凡兵三千六百有奇；右翼总兵统步军营巡捕北右二营各汛官，凡兵二千五百有奇。（《兵志》为乾隆间已设巡捕五营之制，本传尚称三营。）又考《金吾事例》：步军统领所统，除官长外，步甲二万三千一百二十一名，去其各项远近长差一万四千四百二十三名，下剩八千六百九十八名，分为两班，在堆拨栅栏内当差。另有五营马战守各兵一万名。五营与三营，不过官长之分合，其步甲及兵数，原无改革。隆所言一呼可聚二万兵，就名额言，并非虚伪。但步甲皆分地当差，难言呼聚，其为马战守兵者一万而已。畅春园自有专设之官，兵不待呼而自聚，余可呼者西郊各园苑之兵，尚易使聚，又余两翼各守汛地，已不能一时集合，故坐以欺罔，亦欲加之罪焉尔。若为致三数皇子之死命，则但能发命令于畅春园之官兵，其力已足，隆科多可居之功，原不在聚至二万兵也。尤可异者，欺罔罪第一款：“圣祖仁皇帝升遐之日，隆科多并未在皇上御前，亦未派出近御之人，乃诡称伊身曾带匕首，以防不测。”此一款竟以隆科多未预见圣祖升遐为说，欲为世宗湔雪净尽。然疏入奉谕，即有“皇考升遐之日，大臣承旨者惟隆科多一人”之语，以定谳论。王大臣原疏，即应以不实驳回，而清《国史》、《实录》，俱并叙于一幅之中，不嫌矛盾，尤见钦案之不以常法定矣。而隆科多与世宗之承统，别有委曲益显矣。

隆科多之独在寝宫，祗候于不豫静摄之际，其来亦有自。圣祖暱于外戚，待外戚之子弟，宽于诸皇子，可以鄂伦岱事见之。《上谕内阁》雍正三年二月二十九日谕有云："戊子年拿问允禩开赦后，次年春，皇考从霸州回銮，自行宫起身至南红门，言及鄂伦岱等结党之事，皇考震怒，沿途切责鄂伦岱，行至三十里，而圣怒未解。鄂伦岱悍然不知畏惧，亦无一毫爱君之心。朕在傍悚惕不安之甚，于行幄前向娄征额云：'圣躬初愈，今又震怒，于风沙中行三十里。若少顷圣驾出，又复动怒，尔开端奏劝，我当随同奏恳。'及圣驾出，而鄂伦岱仍悍然向前迎立，以触圣怒，致皇考复严加切责。娄征额进前奏劝，朕遂泣奏云：'皇父圣体初愈，此等悖逆之人，何足屡烦圣怒。乱臣贼子，自有国法，若交与臣，便可即行诛戮。'因朕恳奏再三，皇考之怒方解。又在热河时，皇考圣体甚是违和，大臣侍卫等俱请安，求瞻仰圣颜，惟鄂伦岱并不请安，且率同乾清门侍卫等，每日较射游戏。鄂伦岱罪恶多端，皇考行围哨鹿时，悉数其罪，令侍卫五哥鞭责之。又一年元旦清晨，在乾清门院内掀衣便溺，朕见之骇异，知其行同畜类。至于每事干犯圣怒，以致天心郁怒不宁者，不可枚举"云云。鄂伦岱为佟国纲之子，所胪罪恶，皆琐屑之事，决非谕斥时有所附会增饰，则其顽劣骄纵之态，岂鄂伦岱偶犯之事？正缘圣祖宽待太过，习以为常，责之不惧，鞭之不改。乾清门院内至掀衣便溺，是日方在元旦清晨，世宗必以行礼肃至，突然遇见，其无礼之态，必非一时一事所为。由此可知鄂伦岱之游戏狎亵于大内正寝（康熙、雍正间，离宫别馆未盛，乾清宫为正寝），有过于诸亲皇子之亲昵远矣。隆科多之于圣祖，其谊更亲，同为圣祖舅氏之子，而独为圣祖皇后之胞弟，其暱侍圣祖者亦必无所不至。又况圣祖责佟国维不侍汤药，此时正子代父职，为圣祖所喜见之事。皇子之侍疾，或进见有时，隆科多之侍疾，可以独承专责，不足怪也。

允禵之受制于年羹尧，羹尧之以龂龁允禵，自结于世宗，均有谕旨可证。《上谕内阁》三年四月二十八日，又谕议政王大臣："年羹尧因皇考大事，来叩谒时曾奏：贝勒延信向伊言，贝子允禵在保德遇延信，闻皇考升遐，并不悲痛，向延信云：'如今我之兄为皇帝，指望我叩头耶？我回京，不过一觐梓宫，得见太后，我之事即毕矣。'延信回云：'汝所言如此，是诚何心，岂欲反耶？'再三劝导，允禵方痛哭回意。朕闻此奏颇讶之。及见允禵到京，举动乖张，行事悖谬，朕在疑信之间。去冬年羹尧来京陛见，朕问及此事，何以未见延信奏闻，年羹尧对曰：'皇上可问延信，彼必实奏。'朕言：'伊若不承认，如何？'年羹尧奏云：'此与臣面语之事，何得不认？'朕因谕问延信，延信奏称并无此语。及延信至西安，朕又令年羹尧讯之。年羹尧回奏云：'今延信不肯应承，臣亦无可如何'等语。此事著岳钟琪、石文倬二人，面视延信、年羹尧对质回奏。"此谕《东华录》所无。当年四月，世宗已与年羹尧骤变面目，将羹尧所以相媚者转窘羹尧。因其谕文若恶羹尧而欲为允禵审实昭雪，故编《上谕内阁》时收入，及修《实录》时去之，又不见《东华录》。夫羹尧之进此言，在允禵未到京之前。羹尧于世宗即位之始，即以叩谒梓宫，驰抵京师，本传不见此次入觐事，乃以无凭之语入告，想其所陈何止此一端。窥世宗欲除允禵之意而投之，其有凭者自一一可加锻炼，留此无凭之语，为今日窘年之用，年亦自取之咎。但以证允禵之为年所扼，此其一也。

《上谕八旗》三年十二月二十二日，谕中有云："太监阎进，系允禩深信委用之人。雍正元年，年羹尧来京时，阎进在乾清门见年羹尧，指云：'如圣祖仁皇帝宾天再迟半载，年羹尧首领断不能保'等语。圣祖仁皇帝之必诛年羹尧，阎进何由预知？著交与刑部严行审出。"此谕《东华录》所载允禩本事甚略，此段并不在内。由此知允禵之被扼于羹尧，蓄意去之，而允禩与党允禟等夺嫡不行，已甘心为允禵应和，谋去其害。允禵与羹尧相图，势已岌岌，圣祖不遽宾天，世宗之事未可知。此六十一年十一月十三日之事，圣祖以病势不重而忽大变之故，不能无疑。参汤一碗之说，明见谕中，较之斧声烛影，出于他人之笔者，至少不能无同等之嫌疑也。

《上谕八旗》：二年十一月十五日谕有云："夫为君难，为臣亦不易。岂惟为君必亲历始知其难，即为臣不易，亦非亲历其境者不知。如不为诸王，岂知诸王之难？不为大臣，岂知大臣之难？即如年羹尧建立大功，其建功之艰难辛苦之处，人谁知之？隆科多受皇考顾命，又谁知其受顾命之苦处？由此推之，廷臣不知外臣之难，外臣不知廷臣之难，总之非身亲其境者不知其难也"云云。此时距与年、隆破裂，期已不远，然倾倒赞扬之态度未改。后来此谕亦不入《实录》，盖亦觉其语病。夫功臣之艰难，实视平青海原非易事，若云受顾命之苦处，则岂非事外有事，文外有文？否则耳听口宣，有口耳者皆能之矣。本谕中又一段云："去年皇太后宾天时，外间谣言，朕欲令允禵总理事务，允禵奏云：'若欲令我总理事务，须将隆科多、年羹尧二人摈斥，再发库帑数百万赏赉兵丁，我方任事。'因朕吝此数百万，又不肯斥此二人，故允禵不从任事。其荒诞无稽，骇人听闻，至于如此"云云。此虽托诸外间谣言，然当时人皆知允禵与年、隆两人，不能两立，则此又一证。

世宗初嗣位之尊重年、隆，实出情理之外。此从故宫发见秘档内所见为多，不能尽录，录其最动目者：雍正元年正月初二日，年有《会陈军务事情请先具稿密陈折》，朱批："朕安，朕原不欲尔来，为地方要紧。今览尔所奏，尔若不见朕，原有些难处。难处者军务总事结局处。舅舅隆科多奏，必得你来同商酌商酌。地方情形汝可以来得，乘驿速来。再舅舅隆科多，此人朕与尔先前不但不深知他，真正大错了。此人真圣祖皇考忠臣，朕之功臣，国家良臣，真正当代第一超群拔类之希有大臣也。其余见你之面，再细细问你，有旨。”此批为纽合年、隆之始。隆之于年，据《上谕八旗》，八年五月初九日，因表章新死之怡亲王，谕有云：“又如青海背叛之时，年羹尧领兵进剿，而隆科多以私怨年羹尧之故，百计阻挠，不顾军国之重务。王在朕前，力言此番军旅之事，既已委任年羹尧，应听其得尽专阃之道，方能迅奏肤功。朕从王言，而隆科多不能从中掣肘，于是青海旋即荡平。”此谕所述，必初即位之事。世宗与年之关系，岂隆科多所能阻挠。惟隆在是时，必未知年之作用与己同功，世宗尚未两相介绍，故有此语。元年正月之朱批，始为年、隆作合。而其中称隆为忠臣、功臣、良臣。其功臣身份，专对于己，隆有何功？世宗在外称年之功，可共喻也，在内颂隆之功，则惟顾命一事耳。顾命亦何功？不有旋乾坤之力，口耳固不得言功也。（隆与年始本异趣，又见后定四十款重罪中，紊乱朝政三款，其第二款云：“妄奏调取年羹尧来京，必生事端”云云，此或代世宗虑西宁允禵事也）。

羹尧于雍正二年六月十五日，有《谢赐诗扇折》，朱批：“朕已谕将年熙过继与舅舅隆科多作子矣。年熙自今春病只管添，形气甚危，忽轻忽重，各样调治，幸皆有应，而不甚效。因此朕思此子非如此完的人，近日着人看他的命，目下并非坏运，而且下运数十年上好的运。但你目下运中言刑克长子，所以朕动此机，连你父亦不曾商量，择好日即发旨矣。此子总不与你相干了，舅舅已更名‘得住’，从此自然全愈健壮矣。年熙病，先前即当通知你，但你在数千里外，徒烦心虑，毫无益处。但朕亦不曾欺你，去岁字中，皆谕你知老幼平安之言，自春夏来，惟谕尔父健康，并未道及此谕也，朕实不忍欺你一字也。尔此时闻之，自然感喜。将来看得住功名世业，必有口中生津时也。舅舅闻命，此种喜色，朕亦难全谕。舅舅说：‘我二人若少作两个人看，就是负皇上矣。况我命中应有三子，如今只有两个，皇上之赐，即是上天赐的一样，今合其数，大将军命应克者已克，臣命应得者又得，从此得住自然全愈，将来必大受皇上恩典者。’尔父传进宣旨，亦甚感喜，但祖孙天性，未免有些眷念也。特谕尔知。”此批纽合年、隆，恳切竟非人所料，岂但从古君臣所无，家人妇子间亦少此情话。乃一年之中，杀机即一动不可救，其为机深不测，待时始发耶？抑两人实有挟持其秘密以相胁之形迹，而恩仇中变耶？此未可知矣。

羹尧二年七月初二日《谢赐珐琅鼻烟壶折》，旁批："真奇才！如不悲失一年熙，贺舅舅添一得住之句，朕实欣赏嘉服之至，非锦心秀手，何能此令人快心悦目。”此批亦谬托知己之极。但年熙不久即死，羹尧于是年九月初六日有《谢蒙慰诲折》，中言“九月初三日恭接圣谕，惟恐臣因年熙之事，致有过伤，谆谆慰诲”等语，此年熙之究竟也。于七月初二折后，又有朱批云："览卿奏谢二折，朕甚嘉赏，皆从真如三昧中得来，非泛泛口笔之章句也。朕躬甚安，卿足疼可全愈否？得住近日又好些，总不与卿有干之事，一点放在心上也使不得。写一柄闲扇赐卿，如此等者，不必具本奏。再手尺甚如意得用，带一个来，此亦怡亲王之制度。王今春夏总是小不爽，只觉瘦弱，入秋以来已大愈矣。朕命王子庄亲王，同四阿哥、五阿哥，于七月十七日，往哨鹿围场地方学习弓马，以示朕不废武备之意，二者，着他们养之。特令你知。因谕怡王之待你，真岂有此理，一片真诚敬爱，朕实嘉之。还有笑话，京中有一姓刘的道人，久有名的，说他几百岁寿不可考。前者怡王见他，此人惯言人之前生，他说怡王前世是个道士。朕大笑，说这是你们前生的缘法，应如是也。但只是为什么商量来与我和尚出力？王未能答。朕说不是这样，真佛真仙真圣人，不过是大家来为利益众生，栽培自己福田，那里在色像上着脚。若是力量差些的，还得去做和尚，当道士，各立门庭方使得。大家大笑一回，闲写来令你一笑。”据此批，羹尧想有前生道士之说在前，而世宗自命为和尚，于其舍宅为雍和宫，及自撰语录等事，自必自命已久。此等闲言语，无事生风，作灌米汤之用，大出于常情之外，知几者可以深省矣。羹尧粗材，未必知耳。

其前于二年闰四月初一，羹尧有《谢赐枷楠暖手折》，朱批："实在是块好香，做四件玩器，赐怡王、舅舅两块，给你带一块来，朕留一块，现今不时把握。"此亦纽合年、隆，以自身及亲弟居中作介，又时时以玩好作儿女之酬赠，亦视年为股掌间物，非敬礼士大夫之道也。此类低意识之笼络，太甘太媚之诱惑，多不胜录，略之。

二年七月初九日，羹尧有《请补运使府厅折》，朱批："皆依所请，已谕部矣。但沈廷桢，朕意，陈时夏要用他按察使，开归道要用沈廷桢，西安府，你陕西得人，况即中材者，你鼓舞训导，亦可用矣。开归再想不起个人来，和你商量。"此朱批乃正当官人之事，亦用米汤出之，弥见不情。又二年八月十五日，羹尧《谢赐中秋饼果折》中言："今年自二月以至七月，风雨阴晴，适如人意。现在盐场所积，足供三省三年之用，此非可粉饰而为者。"数语之旁，批云："览此奏，朕实喜庆。但不愿我君臣一德之小人，恐以为粉饰谄谀之举也。虽然，螳螂伎俩，亦不能阻天恩浩荡，频加赐佑也，徒增其愧忿而已。"此批因奏中有"非可粉饰"四字，遂用此作米汤，其实是知其不免粉饰，足致人言矣。不然，何用无风生浪？

年羹尧为米汤所灌，居然谬托知己。朱批虽曰灌米汤，然点出斤两，实已有锋芒可觉，羹尧自不觉耳。一，故宫藏羹尧真迹无年月奏折，其文云："今年三月，臣将所刻《陆宣公奏议》一部恭进，蒙圣恩许赐序文，臣踊跃感激，不知所云。伏念万岁无暇，恭劝节劳颐养，何敢以此上烦圣心，不揣固陋，代拟一序，倘得（朱批：得暇好好写来赏你，定不得日期。）宸翰挥洒颁发，臣之荣耀，永永无极。谨奏。"朱批："朕览你此奏，比是什么更喜欢。

这才是，即此一片真诚，必感上苍之永佑。凡百就是如此待朕，朕再不肯好而不知其恶。少有不合朕意处，朕自然说给你，放心为之。”此奏是元年间事，许赐序文，并未令其代作，公然拟上，盖为米汤所毒，认万乘真作布衣之交矣。朱批明示以知其恶，又云“不合朕意处自然说给你”，则亦有以儆之，似此时尚予以教戒用非甘心养其杀身之祸也。而羹尧不悟，真粗材也。二，二年三月十二日，有《谢珐琅双眼翎折》，末云：“更恳圣慈，如有新制珐琅物件，赏赐一二，以满臣之贪念，臣无任悚惶之至！”朱批：“珐琅之物，尚未暇精制，将来必造可观。今将现有数件赐你，但你若不用此一‘贪’字，一件也不给你，得此数物，皆此一字之力也。”羹尧以“贪”字露游戏之态，朱批即指出亦作戏语答之，实谓尔之不敬，在我洞鉴之内，亦是警戒之意，而羹尧终不悟。

世宗本性，最讲边幅，好绳人以体制仪节，独对羹尧，满口胡柴，毫无人君之度。其始宠羹尧，固貌为戏谑以示暱；其后逼羹尧以必死，仍以佻达出之。推原其故，正由在雍邸时托以心腹，共其秘计，纳其妹以重私亲之谊，其时即指天誓日，生死不相背负，形迹不相隔阂，礼法不相绳检，年深月久，习为故常。即位以后，在世宗一时未能变颜，羹尧粗材，竟昧古来可共患难难共安乐之成例，即无他杀以灭口之故，语言文字之隙，已足以杀身而有余。当康熙时，缴还朱批之规律，并不严切，雍正间乃视为重事。后议羹尧九十二款重罪中，其大逆之罪五，中一款即云：“奏缴朱批谕旨，故匿原折，诈称毁破，仿写进呈。”以此为大逆，盖自知笔迹之不可以流出人间，而羹尧偏有留以为质之想。突然反颜，用羹尧表中“夕惕朝乾”一语，为故意颠倒其词，严旨苦诘，遂尽发平生所积忌，罗织成九十二款罪恶为定谳。羹尧《临死哀求折》云：“臣今日一万分知道自己的罪了。若是主子天恩，怜臣悔罪，求主子饶了臣。臣年纪不老，留下这犬马，慢慢的给主子效力。”其称“主子”，乃是藩邸习惯。其言年纪不老，留作犬马自效，尚以青海军功冀动世宗之念。世宗视此蔑如，所念羹尧之功，惟有箝制允禵一事，而又彼此不能承认。若青海军务，当时满族方盛，旗兵可用，能了者极多。世俗传年大将军轶事，正缘世宗以他故假以殊宠，震动百年来庸愚耳目，何尝必欲倚此边材乎？当假宠时，所奖借之语，皆非人臣所能受。再略举一二为例：

雍正二年三月十八日，羹尧有《奏谢自鸣表折》，朱批除旁批外，折后又批云："览卿奏谢，知道了。从来君臣之遇合，私意相得者有之，但未必得如我二人之人耳。尔之庆幸，固不必言矣，朕之欣喜，亦莫可比伦。总之我二人做个千古君臣知遇榜样，令天下后世钦慕流涎就是矣。朕实实心畅神怡，感天地神明赐佑之至。"此时以君臣知遇为言，或尚望羹尧自忆其为臣，非藩邸主子奴才故态，自谨形迹，自请变易旧习，或亦有保全之意。

又于二年三月二十九日，羹尧有《奏谢鹿尾折》，朱批："朕实无心作不骄不满之念（原折有颂世宗战胜不骄，功成不满语），出于至诚，惟天可表。此一番事，若言朕不福大，岂有此理？上天见怜，朕即福人矣。但就事而言，实皆圣祖之功。自你以下，那一个不是皇父用的人？那一个兵不是数十年教养的兵？前西海势涌，正当危急之时，朕原存一念，即便事不能善结，朕不肯认此大过，何也？当不起原是圣祖所遗之事。今如此出于望外，好就将此奇勋自己认起来，实实面愧心惭之至。朕身即是圣祖之身，然到底是父子君臣，良心上过不去。所以各陵告祭皆如例篆文，另拟祭文，以告景陵，将文稿发来你看毕，即知朕之真心也。尔等此一番效力，是成全朕君父未了之事之功，据理而言，皆朕之功臣；据情而言，自你以下以至兵将，凡实心用命效力者，皆朕之恩人也。言虽粗鄙失理，尔等不敢听受，但朕实实居如此心，作如此想。朕之私庆者，真正造化大福人则可矣。惟有以手加额，将此心对越上帝，以祈始终成全，自己亦时时儆惕，不移此志耳。”此批亦不过辞气轻佻，恩人等名辞，故为失体，其实正告以国家平此一地，自是有所凭借，非将帅所能自任也。无奈羹尧终不悟，亦自恃别有秘密存焉，此则世宗所深忌而必欲杀之之故矣。

世宗承统一案，年羹尧、隆科多之关系既明，世宗与年、隆之决裂，自在清《国史》及故宫已刊各档，无庸悉数。惟此事真相，希世宗之指而推鞫成谳者，实为广西巡抚金铁。有此成谳，而后有《大义觉迷录》之颁行，天下乃窥见其秘。在世宗自谓得此宣传可以移夺人意，及高宗则深恨宣传之功，适得其反，一嗣位即不恤世宗有子孙永不许翻案之谕，首诛曾静、张熙，毁禁《大义觉迷录》。又怒金铁之多事，不若王国栋辈之模棱，反可掩此家丑，于是故挑金铁过失，又出情理之外。此亦嗣统一案反覆之余波，《清史稿》于《金铁传》不得其情，今用旧传揭之，并为补其始末于左。

《上谕内阁》，七年九月初二日，谕王国栋不胜湖南巡抚之任，着来京，另有谕旨。其下缕言从前发遣广西人犯在外捏造流言，已据广西巡抚逐一密查，确有证据。乃王国栋于各犯经过之湖南地方，并未查出一人一语，明系苟且塞责。又言陈帝西等传播流言，本人皆已承认，而流言来自何人之处，王国栋等人竟不能究讯根由，屡经降旨，仍复含糊朦混，纵奸旷职，莫此为甚等语。《东华录》只载其另发之着来京一谕，削去此谕。夫流言则不必有实，何必定有来处，世宗惟知其非流言，故知有可究之根由。广西巡抚即金铁，所究得之根由，正世宗心底所认定之根由，故毫无疑义，判定湘、桂两抚之功过。

又十月初七日谕，亦《东华录》所不载。九年以前之谕旨，乃编于雍正年间，未经修《实录》时之洗刷，故间有应删未删之文存在。其文云：“发遣广西之犯，沿途怨望，造作逆语，且需索驿站，狂肆无忌。今直隶、河南、广西三省一一查出，而王国栋等乃以湖南各州县解役兵丁，未闻一语复奏。岂该犯等于直隶、河南、广西则肆其怨诽，而于湖南地方独肯奉法安静，默无一言乎？况曾静僻处山野之中，尚备闻谤讪之语，岂有看守解送之兵役，与各犯最为亲密，转无一闻见之理？此皆王国栋等朦混草率，全不以此为意也”云云，下略。世宗以曾静手制逆书，而决不疑为杜撰流言，且斥王国栋之耳目不如曾静，是意中已确知语有征实，非曾静所能造。其造言之人，亦已简在帝心，惟待地方官一鞫实而供作《大义觉迷录》之资料耳。金铁承帝指究出主名，在当时亦非无线索可据，不待捕风捉影而得。至世宗误会宣传之效力，后必有悔，甘心落后之王国栋，或已见及。铁锐于进取，顾近而失远耳。然铁固能吏，又为廉吏，高宗心憾之，一时龋龁之态，无理可喻，几乎啼笑皆非。既夺其官，复力索其在官之弊，而竟不可得，反得其清贫之据。高宗天资英敏，原非胸无黑白，故能免其罪而弃其人，免其罪以存公道，弃其人则以泄私忿也。考世宗于雍正十三年八月二十三日己丑崩，高宗于柩前即位，至十月初八日癸酉，即将阿其那、塞思黑子孙屏除宗牒一事，谓缘诸王、大臣再三固请，非皇考本意，著廷臣议奏。同日翻曾静案，谕云："曾静大逆不道，虽置之极典，不足蔽其辜，乃我皇考圣度如天，曲加宥宽。夫曾静之罪，不减于吕留良，而我皇考于吕留良则明正典刑，于曾静则屏弃法外，亦以吕留良谤议及于皇祖，而曾静止及于圣躬也。今朕绍承大统，当遵皇考办理吕留良案之例，明正曾静之罪，诛叛逆之渠魁，泄臣民之公愤。着湖广督抚将曾静、张熙即行锁拿，遴选干员解京候审，毋得疏纵泄漏。其嫡属交地方官严行看守候旨。"十九日甲申，谕："着照徐本所请，停其讲解。其颁发原书，着该督抚汇送礼部，候朕再降谕旨"。十二月十九日甲申，曾静、张熙伏法，乃结《大义觉迷录》一案。此书遂更成禁毁之物，今所见者又成较罕见之秘籍矣。其间屡赦宥康熙诸皇子之在者，或其子孙，颇为世宗补过。而是时四川巡抚王士俊，微陈不宜将世宗时事翻案，语又为高宗所不受，至论士俊斩候，久而仅得释。而于报憾于金鉷者，则尤可味。今录鉷旧传如下：

> 金鉷，镶白旗汉军人，由监生授江西广昌县知县。雍正元年，洊升太原府知府。五年，擢广西按察使，寻迁布政使。六年，授广西巡抚。奏言思明州地方狭小，毋庸专设流官，思明知府又系土司，从无统辖流官之例，请将该州仍归太平府管辖。下部议行。又奏召募本地殷实商人，开采桂林府属各矿，并梧州府所产金砂，请委专员办理。其采得之铜，亦请发价官买，以供鼓铸。俱下部议行。七年二月，奏请将南宁府正杂等官归部铨选，其沿边之南宁庆远府等属知府、同知、通判、知县、知州二十三缺，及庆远新设同知一缺，俱请归调缺题补，五年俸满即升。至太平府通判，泗城府知府、同知，西隆州知县，西林县知县等五缺，皆地处极边，水土恶劣，请改为三年即升。推升之后，果于风土熟悉，人地相宜，再留三年，照升衔升用。吏部以归部铨选及五年即升之处，应如所请。其太平等缺，地处极边，宜加体恤，未便令其久留，应无庸议。谕曰："该抚身在地方，必有所见。部议不使久留，虽据情理而言，但推升之员既熟悉土地，非初到者可比，或其人情愿再留，以图上进，亦未可定。惟是再留三年之后，果能称职，或格外加恩，或令该督抚于本省要缺保题优升，以示奖励。着该部另议具奏。"寻议如所请行。八月，请移驻宜山县县丞于椤村。从之。九年二月，奏桂林、平乐等九府，郁林一州，开垦雍正七年分田地八百六十顷有奇。报闻。三月，疏言东兰州新改为流，水土最劣，请将正杂等官拣裁调补，俟俸满题咨到部之后，即行升用。四月，奏请复设广西郁林州州判一缺，添设郁林州抚康巡检、柳州府怀远县梅寨巡检各一员。又奏泗城、镇安等处，向无应试

童生，请令外省及本省别府之人，有情愿入籍者，咨查本籍，如无过犯，准其入籍考试。嗣后土属内改流之州县，均照此例，应于十科后照例停止。十年七月，请添设马平县属三都讯、穿山镇巡检各一员。八月，请改右江道原辖之镇安府归左江道管辖，南宁府原辖之胡润寨及下雷士州归镇安府管辖。俱得旨允行。十一年六月，疏报郁林州所属之富民乡藤厘坡忽涌瑞泉二穴，味甘色清，足灌田三千余亩，谕曰："朕从来不言祥瑞，今蒙上天福佑边氓，显赐大泽，朕心不胜感庆。著该抚选择善地，建立祠宇，奉祀泉源之神，以答灵贶。"八月，奏镇安府、东兰州等处，业经改土归流，请添设学官，酌定取进学额。又奏思城州士知州赵康祚，缘事革职，无人承袭，请改隶崇善县管辖，添设县丞一员，分驻弹压，征解钱粮。九月，又奏言添设泗城府照磨一员，桂林府永福县县丞一员。十二年九月，请裁武宜县永安巡检一缺。均从之。

乾隆元年四月，广西提督霍升奏，巡抚金鉷言躁而失实，志大而气浮，失封疆大臣之体。得旨："金鉷原属不妥，不因汝奏后始知也。"五月，上谕总理事务王大臣曰："朕奉皇考谕旨，办理苗疆事务时，见广西巡抚金鉷陈奏事件甚多。朕即位之初，伊于一两月间，亦连奏事四件。今半年以来，未见伊陈奏一事，巡抚管辖通省，事务繁多，岂半年之久，地方民生竟无一可陈奏之处耶？抑私心揣度，以朕欲尚简静而为迎合之举耶？看来金鉷竟未能深知朕心。此次申饬之后，料伊必又将不应陈奏之事，喋喋敷陈矣。若此存心，何以膺封疆之重寄？可传旨晓之。"寻请密举贤良，以备擢用。谕曰："以人事君，固为臣之要节，但汝所奏荐，朕介在疑似之间耳。"六月，密奏奉旨逮问之原任湖广提督董芳，谋勇忠直，可备国家缓急之用。谕曰："国家以赏罚驭群臣，岂汝浅劣小才所能窥其万一哉！"八月，命来京陛见，以刑部左侍郎杨超曾署理广西巡抚。铁又奏革桂林厂杂税九条，北流县临江厂杂税九条。部议从之。二年正月，实授杨超曾为广西巡抚，以铁为刑部左侍郎。寻杨超曾奏参金铁于广西巡抚任内，用印票向苍梧道黄岳牧私借铜务充公银一千二百两，请旨革职交刑部审讯。四月，刑部请将金铁照例枷责。得旨："前因杨超曾奏参金铁借用存公银两一折，内称'金铁任内各项钱粮收支不清者甚多，容臣陆续查明奏参'等语，朕意其必有贪劣实迹，是以交部严察议奏。后杨超曾查参前来，皆系琐屑无关重轻之事，则金铁尚无劣迹可知。今览刑部所审此案，原非正项钱粮，且金铁用印文支借，而黄岳牧用印册申报，亦非暗相侵蚀可比。部议金铁枷责之处，着宽免，所借银两亦不必著追。"五年七月，特旨授河南布政使，寻吏部查奏金铁已于本年四月卒。报闻。

铁为袁枚鸿博举主，枚撰铁墓碑，于铁事亦含蓄可味。更录如下：

乾隆元年春，枚起居叔父于广西巡抚金公幕下，见公。公奇枚状貌，命为诗，大异之。当是时，天子诏举博学鸿词之士，四方举者，每疏累数人，多老师宿儒。公独专为一奏，称某年二十一岁，贤才通明，羽仪景运，应此选克称，语多溢美，天下骇然，想见其人。广西自高爵以下，至于流外，惊来问讯。亡何，枚报罢，公亦以事去官。后二年，枚乞假归娶，拜公于安肃。会日暮，天大雪，公闻其至也，喜，曳杖走出，及门迎且笑曰："果然翰林耶！"枚再拜，公答拜。命入见夫人。五年，枚再入都，公之两子来曰："挺玉、振玉等不孝，不能延先君之年，今先君薨，葬有日矣。惟贞石之未书，翰林其铭先君哉？"枚乃泣而言曰："公仕宦垂三十年，盛业若干，枚与两郎君俱年少，知之难，文之尤难。虽然，就所闻以光幽宫，翰林事也，亦门生志也，不敢任，亦不敢辞。”谨按：

公讳铁，字震方，一字德山。祖友胜，本姓金，袭明金带指挥，世居山东登县。流贼破城，友胜死之。存三岁儿，名延祚。太夫人余氏将死，属诸侧室赵氏曰：“守节，经也；存孤，权也；我行经，汝行权。”赵氏泣而颔之。挈儿至辽阳，转适郭氏。既长，从本朝入燕，历任工部侍郎。生公，及公贵，始复姓。公通《易》理，善兵法，为粤西布政使。奏州县向例虽有“繁”、“简”两调，而于所治处分析未备，则人地难相宜，请分“冲”、“繁”、“疲”、“难”四条，许督抚量才奏请。上嘉纳焉。今直省所行自公始。

西隆州八达寨苗反，公讨平之。奏免泗城六年旧税。以汛兵少，粤土芜不治，乃行屯田法，设都司官驻柳州，与民牛，招之耕，教之技勇，每名给水田十亩，公田一；旱田三十亩，公田二；存公田租于社仓。行之期年，粤莱田万余，于是天下人皆曰：“公以一广昌知县，莅任五年，蒙世宗皇帝擢太原知府，才三年，迁广西按察使，才一月，迁布政使，才三月，迁巡抚。今入粤者望气葱葱然，政行民和，大异畴昔。然则世宗非用人之骤也，其知人之深也。”

公之自太原入觐也，方廷议耗羡归公，公奏不可。世宗不悦曰：“朕已定养廉矣，汝在官私官乎？”公叩头曰：“臣非为官游说也。从来财在上不如财在下。州县为亲民之官，宁使留其有余。养廉者，养其家使知廉耻也，家有大小，所定数讵能胥足？一遇公事，动致俯张。皇上之意，岂不曰凡是官办，皆许开除正供。但从司院按核以至户部，层层隔阂，报销甚难，从此州县恐多苟且之政。皇上意在必行，臣请养廉外多增公费，或存县，或存司，仿北宋留州之法，庶于事有

> 济。”会左都御史沈近思持论与公合，世宗乃敕山西巡抚核公费章程。巡抚希上意，定数较他省为优。
>
> 公抚广西九年，今上登极，召补刑部侍郎。治行时，印券借司库千金，后任巡抚杨超曾劾之，罢职按治。居月余，杨掊摭不已。上怒曰：“朕以金鉷抚粤久，恐有他故，故置之狱。今杨超曾数来奏，皆极细事，是金鉷平日无可奏也。”免鉷罪，以所借银赐之。即日宁公于家。五年春薨。薨后，天子念公贤，授河南布政使，吏部以为公存也，文书下其家，叩门不应。邻一叟出曰：“公亡三月矣。”乃奏明收诏。呜呼！罪之雪也，雪之者必有人，而公以加济而得脱；黜而起也，起之者必有人，而公以身死而得官。然则公之孤直，与天子之明圣，可以见矣。
>
> 性仁俭而静，置古钟一枚，击之以招僮，侍者闻钟声始往。遣人至大同买妾，询为官家女，厚其资归之。尝谓云贵总督鄂公尔泰曰：“改土归流，非计也，异日当思我言。”公享年六十有三。先娶缴氏，再娶陈氏，俱诰封夫人。

高宗谓鉷雍正间奏事多，含有厌其多事之意。即位后两月内得鉷四奏，时《觉迷录》未翻案也。旋知失新天子指，悸不敢言。高宗仍指摘不少贷，一时鉷左右皆无所可。名为内召，而使继任者搜索其过，既谅其介，仍以他事夺官。此曾静案之结局，实不在种族，而在发世宗嗣位之隐。高宗之憾金鉷，乃憾《觉迷录》之由鉷能举其官而促成，旧传按其时日尚可推见。《清史稿》叙事多采袁枚《神道碑》，而少其功罪吞吐语气，但云：“乾隆元年，提督霍升劾鉷言躁气浮，失封疆大臣之体。高宗召入京，授刑部侍郎。鉷濒行，装不治，以印券属苍悟道黄岳牧，借铜务充公银千二百，巡抚杨超曾论劾夺官，交刑部严讯。上以非正项钱粮，鉷以印券支借，岳牧以印册申解，非侵蚀比，命免罪，毋追所借银。五年，授河南布政使，而铁已卒”云云。则失铁与时事相涉之情矣。作史之人，安能每事洞其表里，此无足责，惟清史资料，存者尚多，考订补苴，治史者之事矣。

世宗绍统事相关之谤议，有一供状式之谕旨，诸书皆已削，惟《大义觉迷录》独存，录以终此篇。中有数行，已摘录于上，为全文顺读计，亦仍存之。不见他录，故不详其月日。文云：

朕荷上天眷佑，受圣祖仁皇帝付托之重，君临天下。自御极以来，夙夜孜孜，勤求治理，虽不敢比于古之圣君哲后，然爱养百姓之心，无一时不切于寤寐，无一事不竭其周详。抚育诚求，如保赤子，不惜劳一身以安天下之民，不惜殚一心以慰黎庶之愿。务期登之衽席，而无一夫不得其所。宵旰忧勤，不遑寝食，意谓天下之人，庶几知朕之心，念朕之劳，谅朕之苦，各安生业，共敦实行，人心渐底于善良，风俗胥归于醇厚，朕虽至劳至苦，而此心可大慰矣。岂意有逆贼曾静，遣其徒张熙，授书于总督岳钟琪，劝其谋反，将朕躬肆为诬谤之词，而于我朝极尽悖逆之语。廷臣见者，皆疾首痛心，有不共戴天之恨。似此影响全无之事，朕梦寐中亦无此幻境，实如犬吠狼嗥，何足与辩？既而思之，逆贼所言，朕若有几微愧歉于中，则当回护隐恶，暗中寝息其事。今以全无影响之谈，加之于朕，朕之心可以对上天，可以对皇考，可以共白于天下之亿万臣民。而逆贼之敢于肆行诬谤者，必更有大奸大恶之徒，捏造流言，摇众心而惑众听。若不就其所言，明目张胆，宣示播告，则魑魅魍魉，不公然狂肆于光天化日之下乎？如逆书加朕以“谋父”之名。朕幼蒙皇考慈爱教育，四十余年以来，朕养志承欢，至诚至敬，屡蒙皇考恩谕，诸昆弟中，独谓朕诚孝，此朕之兄弟及大小臣工所共知者。朕在藩邸时，仰托皇考福庇，安富尊荣，循理守分，不交结一人，不与闻一事，于问安视膳之外，一无沽名妄冀之心，此亦朕之兄弟及大小臣工所共知者。至康熙六十一年十一月冬至之前，朕奉皇考之命，代祀南郊。时皇考圣躬不豫，静摄于畅春园，朕请侍奉左右，皇考以南郊大典，应于斋所虔诚斋戒，朕遵旨于斋所致斋。至十三日，皇考召朕于斋所。朕未至畅春园之先，皇考命诚亲王允祉、淳亲王允祐、阿其那、塞思黑、允䄉、公允祹、怡亲王允祥、原任理藩院尚书隆科多至御榻前，谕曰："皇四子人品贵重，深肖朕躬，必能克承大统，着继朕即皇帝位。"是时惟恒亲王允祺，以冬至命往孝东陵行礼，未在京师。庄新王允禄、果亲王允礼、贝勒允禑、贝子允祎，俱在寝宫外祗候。及朕驰至问安，皇考告以症候日增之故，朕含泪劝慰。其夜戌时龙驭上宾，朕哀恸号呼，实不欲生。隆科多乃述皇考遗诏，朕闻之惊恸，昏仆于地。诚亲王等向朕叩首，劝朕节哀，朕始强起办理大事。此当时之情形，朕之诸兄弟及宫人内侍，与内廷行走之大小臣工所共知共见者。夫以朕兄弟之中，如阿其那、塞思黑等，久蓄邪谋，希冀储位，当兹授受之际，伊等若非亲承皇考付朕鸿基之遗诏，安肯帖无一语，俯首臣伏于朕之前乎？而逆贼忽加朕以谋父之名，此朕梦寐中不意有人诬朕及此者也！

又如逆书加朕以"逼母"之名。伏惟母后圣性仁厚慈祥，阖宫中若老若幼皆深知者，朕受鞠育深恩，四十年来备尽孝养，深得母后之慈欢，谓朕实能诚心孝奉。而宫中诸母妃，咸美母后有此孝顺之子，皆为母后称庆。此现在宫内人所共知者。及皇考升遐之日，母后哀痛深至，决意从殉，不饮不食。朕稽颡痛哭，奏云："皇考以大事遗付冲人，今圣母若执意如此，臣更何所瞻依？将何以对天下臣民？亦惟以身相从耳。"再四哀恳，母后始勉进水浆。自是以后，每夜五鼓，必亲诣昭仁殿，详问内监，得知母后安寝，朕始回苫次。朕御极后，凡办理朝政，每日必行奏闻。母后谕以不欲与闻政事，朕奏云："臣于政务素未谙练，今之所以奏闻者，若办理未合，可以仰邀训诲；若办理果当，亦可仰慰慈怀，并非干预政事也。"嗣后朕每奏事，母后辄喜，以皇考付托得人，有"不枉生汝，勉之莫怠"之慈旨。母后素有痰疾，又因皇考大事，悲恸不释于怀，于癸卯五月，旧恙举发。朕侍奉汤药，冀望痊愈，不意遂至大渐。朕向来有畏暑之疾，哀痛擗踊，屡次昏晕。数月之内，两遭大事，五内摧伤，几不能支。此宫廷所共知者。朕于皇考母后大事，素服斋居，三十三月如一日，除祭祀大典及办理政事外，所居之地，不过屋宇五楹，不听音乐，不事游览，实尽三年谅阴之礼。此亦内外臣工所共知者。至于朕于现在宫中诸母妃之前，无不尽礼敬养。今诸母妃亦甚感朕之相待。岂有母后生我，而朕孺慕之心，有一刻之稍懈乎？况朕以天下孝养，岂尚缺于甘旨，而于慈亲之前，有所吝惜乎？逆贼加朕以逼母之名，此更朕梦寐中不意有人诬朕及此者也！

又如逆书加朕以"弑兄"之名。当日大阿哥残暴横肆，暗行镇压，冀夺储位，二阿哥昏乱失德，皇考为宗庙社稷计，将二人禁锢。比时曾有朱笔谕旨："朕若不讳，二人断不可留。"此广集诸王大臣特降之谕旨，现存宗人府。朕即位时，念手足之情，心实不忍，只因诸弟中如阿其那等，心怀叵测，固结党援，往往借端生事，煽惑人心。朕意欲将此辈徐徐化导，消除妄念，安静守法，则将来二阿哥亦可释其禁锢，厚加禄赐，为朕世外兄弟，此朕素志也。所以数年以来，时时遣人赉予服食之类，皆不令称御赐，不欲其行君臣之礼也。二阿哥常问云："此出自皇上所赐乎？我当谢恩领受。"而内侍遵朕旨，总不言其所自。及雍正二年冬间，二阿哥抱病，朕命护守咸安宫之大臣等，于太医院拣择良医数人，听二阿哥自行选用。二阿哥素知医理，自与医家商订方药。迨至病势渐重，朕遣大臣往视，二阿哥感朕深恩，涕泣称谢云:“我本有罪之人，得终其天年，皆皇上保全恩也。”又谓其子弘皙云:“我受皇上深恩，今生不能仰报，汝当竭心尽力，以继我未尽之志。”及二阿哥病益危笃，朕令备仪卫，移于五龙亭。伊见黄舆，感激朕恩，以手加额，口诵佛号。以上情事，咸安宫宫人内监百余人，皆所目睹者。及病故之后，追封亲王，一切礼仪有加，且亲往哭奠，以展悲恸。其丧葬之费，动支库帑，悉从丰厚，命大臣等尽心办理。封其二子以王公之爵，优加赐赍。今逆贼加朕以弑兄之名，此朕梦寐中不意有人诬谤及此者也！

又如逆贼加朕以“屠弟”之名。当日阿其那以二阿哥获罪废黜，妄希非分，包藏祸心，与塞思黑、允䄉、允禵结为死党，而阿其那之阴险诡谲，实为罪魁。塞思黑之狡诈奸顽，亦与相等。允禵狂悖糊涂，允䄉卑污庸恶，皆受其笼络，遂至胶固而不解。于是结交匪类，蛊惑人心，而行险侥幸之辈，皆乐为之用，私相推戴，竟忘君臣之大义。以致皇考忧愤震怒，圣躬时为不豫。其切责阿其那也，则有父子之情已绝之旨。其他忿激之语，皆为臣子者所不能听闻。朕以君父年高，忧怀郁结，百计为伊等调停解释，以宽慰圣心，其事不可枚举。及皇考升遐之日，朕在哀痛之时，塞思黑突至朕前，箕踞对坐，傲慢无礼，其意大不可测。若非朕镇定隐忍，必至激成事端。朕即位以后，将伊等罪恶，俱行宽宥，时时教训，望其改悔前愆。又加特恩，将阿其那封为亲王，令其辅政，深加任用。盖伊等平日原以阿其那为趋向，若阿其那果有感悔之心，则群小自然解散。岂料阿其那逆意坚定，以未遂平日之大愿，恚恨益深。且自知从前所为，及获罪于皇考之处，万无可赦之理。因而以毒忍之心，肆其桀骜之行，扰乱国政，颠倒纪纲，甚至在大庭广众之前，诅咒朕躬，及于宗社。此廷臣所共见，人人无不发指者。从前朕遣塞思黑往西大同者，原欲离散其党，不令聚于一处，或可望其改过自新。岂知伊怙恶不悛，悖乱如故。在外寄书允禵，公然有“机会已失，悔之无及”等语。又与伊子巧编格式，别造字样，传递京中信息，缝于骡夫衣袜之内，诡计阴谋，甚于敌国奸细。有奸民令狐士仪投书伊处，皆反叛之语，而伊为之隐藏。其他不法之处甚多，不可胜数。

允禵赋性狂愚，与阿其那尤相亲密，听其指使。昔年因阿其那谋夺东宫之案，皇考欲治阿其那之罪，允禵与塞思黑在皇考前袒护强辩，致触圣怒，欲手刃允禵，比时恒亲王允祺抱劝而止。皇考高年，知伊愚逆之性，留京必致妄乱启衅，后因西陲用兵，特遣前往效力，以疏远之。伊在军前，贪婪淫纵，恶迹种种。及朕即位，降旨将伊唤回，伊在朕前，放肆傲慢，犯礼犯分，朕悉皆曲宥，仍令奉祀景陵。竟有奸民蔡怀玺，投书伊之院中，造作大逆之言，称允禵为皇帝，而称塞思黑之母为太后。允禵见书，将大逆之语，剪裁藏匿，向该管总兵云:“此非大事，可酌量完结。”即此则其悖乱之心，何尝改悔耶?

允禩无知无耻，昏庸贪劣，因其依附邪党，不便留在京师，故令送泽卜尊丹巴胡土克图出口。伊至张家口外，托病不行，而私自禳祷，连书雍正新君于告文，怨望慢亵，经诸王大臣等以大不敬题参，朕俱曲加宽宥。但思若听其闲散在外，必不安静奉法，是以将伊禁锢，以保全之。伊在禁锢之所，竟敢为镇魇之事，经伊跟随太监举出，及加审讯，凿凿可据。允禩亦俯首自认，不能更辩一词。

从前诸王、大臣，胪列阿其那大罪四十款，塞思黑大罪二十八款，允禵大罪十四款，又特参允禩镇魇之罪，恳请将伊等立正典刑，以彰国宪。朕再四踌躇，心实不忍，暂将阿其那拘禁，降旨询问外省封疆大臣，待其回奏，然后定夺。仍令太监数人，供其使令，一切饮食所需，听其索取，不意此际阿其那遂伏冥诛。塞思黑从西宁移至保定，交与直隶总督李绂看守，亦伏冥诛。夫以皇考至圣至慈之君父，而切齿痛心于阿其那、塞思黑等，则伊等不忠不孝之罪，尚安有得逃于天谴者乎！

朕在藩邸，光明正大，公直无私，诸兄弟之才识，实不及朕。其待朕悉恭敬尽礼，并无一语之争竞，亦无一事之猜嫌，满洲臣工及诸王门下之人，莫不知者。今登大位，实无纤毫芥蒂于胸中，而为报怨泄愤之举。但朕缵承列祖皇考基业，负荷甚重，其有关于宗庙社稷之大计，而为人心世道之深忧者，朕若稍避一己之嫌疑，存小不忍之见，则是朕之获罪于列祖皇考者大矣。古人大义灭亲，周公所以诛管、蔡也。假使二人不死，将来未必不明正典刑，但二人之死，实系冥诛，众所共知共见，朕尚未加以诛戮也。

至于朕秉公执法，锄恶除奸，原不以诛戮二人为讳。若朕心以此为讳，则数年之中，或暗赐鸩毒，或遣人伤害，随时随地皆可损其性命，何必谘询内外诸臣，众意佥同，而朕心仍复迟回不决，俾伊等得保首领以殁乎？至允禩、允禵将来作何归结，则视乎本人之自取，朕亦不能预定，而目前则二人现在也。朕之兄弟多人，当阿其那等结党之时，于秉性聪明，稍有胆识者，则百计笼络，使之人其匪党，而于愚懦无能者，则恐吓引诱，使之依附声势，是以诸兄弟多迷而不悟，堕其术中。即朕即位以后，而怀藏异志者尚不乏人，朕皆置而不问。朕之素志，本欲化导诸顽，同归于善，俾朝廷之上，共守君臣之义。而宫廷之内，得联兄弟之情，则朕全无缺陷，岂非至愿！无如伊等恶贯满盈，获罪于上天皇考，以致自速冥诛，不能遂朕之初念，此朕之大不幸，天下臣庶当共谅朕为国为民之苦心。今逆贼乃加朕以屠弟之名，只此一事，天下后世自有公论，朕不辩亦不受也。

至逆书谓朕为贪财。朕承皇考六十余年太平基业，富有四海，府库充盈，是以屡年来大沛恩泽，使薄海黎庶，莫不均沾。如各省旧欠钱粮，则蠲免几及千万两，江南、江西、浙江之浮粮，则每年减免额赋六十余万两。地方旱涝偶闻，即速降谕旨，动帑遣官，多方赈恤，及灾伤勘报之后，或按分数蠲除，或格外全行豁免。今年又降谕旨，将被灾蠲免分数，加至六分七分。至于南北黄运河工堤工，兴修水利，开种稻田，以及各省建造工程，修办军需，恩赐赏赉，所费数百万两，皆令动支帑项，丝毫不使扰民。夫以额征赋税，内库帑金减免支给，如此之多，毫无吝惜，而谓朕为贪财，有是理乎？只因从前贪官污吏，蠹国殃民，即置重典，亦不足以蔽其辜。但不教而杀，朕心有所不忍，故曲宥其死，已属浩荡之恩。若又听其以贪婪横取之资财，肥身家以长子孙，则国法何存？人心何以示儆？况犯法之人，原有籍没家产之例，是以将奇贪极酷之员，照例抄没，以彰宪典，而惩贪污，并使后来居官者，知赃私之物不能入己，无益有害，不敢复蹈故辙，勉为廉吏，此朕又安百姓，整饬吏治之心。今乃被贪财之谤，岂朕不吝惜于数千百万之帑金而转贪此些微之赃物乎？至于属员亏空钱粮，有责令上司分赔者，盖以上司之于属吏，有通同侵蚀之弊，有瞻徇容隐之风。若不重其责成，则上司不肯尽察吏之道，而侵盗之恶习无由而止。是以设此惩创之法，以儆惕之，俟将来上官皆能察吏，下寮群知奉公，朕自有措施之道。若因此而谤为贪财，此井蛙之见，乌知政治之大乎？

至逆书谓朕好杀。朕性本最慈，不但不肯妄罚一人，即步履之间，草木蝼蚁，亦不肯践踏伤损。即位以来，时刻以祥刑为念。各省爰书及法司成谳，朕往复披览，至再至三。每遇重犯，若得一线可生之路，则心为愉快，稍有可疑之处，必与大臣等推详讲论，期于平允。六年以来，秋审四经停决，而廷议停决之中，朕复降旨，察其情罪稍轻者，令行矜释。其正法及勾决之犯，皆大逆大恶之人，万万法无可贷者。夫天地之道，春生秋杀，尧舜之政，弼教明刑，朕治天下，原不肯以妇人之仁，弛三尺之法。但罪疑惟轻，朕心慎之又慎，惟恐一时疏忽，致有纤毫屈枉之情。不但重辟为然，即笞杖之刑，亦不肯加于无罪者。每日戒饬法司，及各省官吏等，以钦恤平允为先务。今逆贼谓朕好杀，何其与朕之存心行政，相悖之甚乎？

又逆书谓朕为酗酒。夫酒醴之设，圣贤不废，古称尧千钟，舜百榼。《论语》称孔子惟酒无量，是饮酒原无损于圣德，不必讳言。但朕之不饮，出自天性，并非强致而然。前年提督路振扬来京陛见，一日忽奏云："臣在京许久，每日进见，仰瞻天颜，全不似饮酒者，何以臣在外任，有传闻皇上饮酒之说。"朕因路振扬之奏，始知外间有此浮言，为之一笑。今逆贼酗酒之谤，即此类也。

又逆书谓朕为淫色。朕在藩邸，即清心寡欲，自幼性情不好色欲。即位以后，宫人甚少。朕常自谓，天下人不好色，未有如朕者。远色二字，朕实可以自信，而诸王大臣近侍等亦共知之。今乃谤为好色，不知所好者何色？所宠者何人？在逆贼既造流言，岂无耳目，而乃信口讥评耶！

又逆书谓朕为怀疑诛忠。朕之待人，无一事不开诚布公，无一处不推心置腹，胸中有所欲言，必尽吐而后快，从无逆诈亿不信之事。其待大臣也，实视为心膂股肱，联络一体，日日以至诚训诲臣工。今诸臣亦咸喻朕心，有感孚之意。

至于年羹尧、鄂伦岱、阿尔松阿，则朕之所诛戮者也。年羹尧受皇考及朕深恩，忍于背负，胸怀不轨，几欲叛逆。其贪酷狂肆之罪，经大臣等参奏九十二条，揆以国法，应置极刑。而朕犹念其西藏、青海之功，从宽令其自尽。其父兄俱未处分，其子之发遣远方者，今已开恩赦回矣。鄂伦岱、阿灵阿实奸党之渠魁，伊等之意，竟将东宫废立之权，俨若可以操之于己。当阿其那恶迹败露之时，皇考审询伊之太监，比将鄂伦岱、阿灵阿同恶共济之处，一一供出，荷蒙皇考宽宥之恩，不加诛灭，而伊等并不感戴悔过，毫无畏惧，愈加亲密。鄂伦岱仍敢强横踞傲，故意触犯皇考之怒。当圣躬高年颐养之时，为此忿懑恚恨，臣工莫不切齿。阿灵阿罪大恶极，早伏冥诛，伊子阿尔松阿仿效伊父之行，更为狡狯。朕犹念其为勋戚之后，冀其洗心涤虑，以盖前愆，特加任用，并令管理刑部事务。而伊逆心未改，故智复萌，颠倒是非，紊乱法律。一日审理刑名，将两造之人，用三木各夹一足，闻者皆为骇异。又与鄂伦岱同在乾清门，将朕所降谕旨，掷之于地，其他狂悖妄乱之处，不可殚述。朕犹不忍加诛，特命发往奉天居住，使之解散其党羽，尚可曲为保全。岂料二人到彼，全无悔悟之念，但怀怨望之心，而在京之邪党，仍然固结，牢不可破。朕再四思维，此等巨恶，在天理国典，断不可赦，于是始将二人正法。

至于苏努，则老奸大蠹，罪恶滔天，实逆党之首恶。隆科多则罔上欺君，款迹昭著，二人皆伏冥诛，未膺显戮。逆书之所谓怀疑诛忠者，朕细思朕于年羹尧、鄂伦岱、阿尔松阿三人之外，并未诛戮忠良之大臣。想逆贼即以年羹尧、鄂伦岱、阿尔松阿、苏努、隆科多等为忠良乎？天下自有公论也。

又逆书谓朕为好谀任佞。朕在藩邸四十余年，于人情物理，熟悉周知，谗陷面谀之习，早已洞察其情伪，而厌薄其卑污，不若冲幼之主，未经阅历者也。是以即位以来，一切称功颂德之文，屏弃不用。不过臣工表文，官员履历，沿习旧日体式，作颂圣之句，凑合成章，朕一览即过，不复留意。日日训谕大小臣工，直言朕躬之阙失，详陈政事之乖差，以忠谠为先，以迎合为戒，是以内外诸臣，皆不敢以浮夸颂祷之词，见诸言奏，恐为朕心之所轻。今逆贼之所谓好谀任佞者，能举一人一事以实之否耶？

以上诸条，实全无影响，梦想不及之事，而逆贼灭绝彝良，肆行诋毁者，必有与国家为深仇积恨之人，捏造此言，惑乱众听。如阿其那、塞思黑等之奸党，被朕惩创拘禁，不能肆志，怀恨于心。或贪官污吏，匪类棍徒，怨朕执法无私，故造作大逆之词，泄其私愤。且阿其那、塞里黑当日之结党肆恶，谋夺储位也。于皇考则时怀忤逆背叛之心，于二阿哥则极尽摇乱倾陷之术，因而嫉妒同气，排挤贤良，入其党者则引为腹心，远其党者则视为仇敌。

又如阿其那自盗廉洁之名，而令塞思黑、允禩、允禵贪赃犯法，横取不义之财，以供其市恩沽誉之用。且允禵出兵在外，盗取军需银数十万两，屡次遣人私送与阿其那，听其挥霍，前允禵之子供出，阿其那亦自认不讳者。又如阿其那残忍性成，逐日沉醉，当朕切加训诫之时，尚不知改。伊之护军九十六，以直言触怒，立毙杖下。长史胡什吞，亦以直言得罪，痛加箠楚，推入冰中，几至殒命。允禵亦素性嗜酒，时与阿其那沉湎轻生。允禵又复渔色宣淫，不知检束，以领兵之重任，尚取青海台吉之女及蒙古女子多人，恣其淫荡，军前之人谁不知之。今逆书之毁谤，皆朕时常训诲伊等之事，伊等既负疚于心，而又衔怨于朕，故即指此以为讪谤之端，此鬼蜮之伎俩也。

且伊等之奴隶太监，平日相助为虐者，多发遣黔粤烟瘴地方，故于经过之处，布散流言，而逆贼曾静等，又素怀不臣之心，一经传闻，逐借以为蛊惑人心之具耳。向因储位未定，奸宄共生觊觎之情，是以皇考升遐之后，远方之人，皆以为将生乱阶，暗行窥伺。及朕缵承大统，继志述事，数年以来，幸无失政，天人协应，上下交孚，而凶恶不轨之徒，不能乘间伺衅。有所举动，逆志迫切，自知无得逞之期，遂铤而走险甘蹈赤族之罪，欲拼命为疑人耳目之举耳。殊不知实于朕无损也。

以下乃辨曾静所传吕留良种族之见，从略。

“谋父”、“逼母”、“弑兄”、“屠弟”，为世宗伦纪中四大罪款，得世宗自为辨诉而款目始定。后来于弑兄、屠弟二款，尚有人言之，屠弟一款，尤为世宗所自称不辩亦不受者。夫不辩是否即受，论者可自得之。至谋父、逼母二款，知者较罕，不有《大义觉迷录》，乌能成此狱词？其中事实，合七年十月戊申一谕，如今律师撰状，分理由、事实等项云尔。

此稿脱后，胡君适之阅之，见示云：“《觉迷录》长谕中，明说圣祖死之日，果亲王允礼也在寝宫外祗候，而雍正八年五月初九日谕八旗，又引隆科多之言，说是日允礼在京城内值班，至隆科多从畅春园赶回京，始知大事出。据此看来，康熙死时，究竟诸皇子是否在侧，甚属疑问。此点亦赖钩稽各谕，始能看出。”适之点清此句，极醒目。余又谓隆之先驰回于大行移殡之前，正挟其提督京营之武力，效滕公之为代邸清宫，可谓一手拥立，夜半宫中出片纸，正此时事耳。

香妃考实

森以年齿日增，老将至而耄及，方切愧悚，乃蒙同仁同学奖饰逾恒，无以为报，愿作一较有兴趣之文，以供抚掌。特拈此题，冀承刮目，惟题佳而文恐不称，尚祈垂谅。

香妃相传为西域回部酋长女，清高宗平回部，纳其女为妃。委巷之说，语多不经，熟于人耳。今考其可信者，以纠群说。

高宗有回妃，且为回族最尊贵之掌教女。《清史稿·后妃传》：“高宗容妃，和卓氏，回部台吉和札麦女。初入宫号贵人，累进为妃，薨。”

此高宗回妃之明文也。和卓为回族中派罕帕尔之裔。派罕帕尔一作别谙拔尔，或作派罕巴尔，回族尊称，即天使之意。盖隋唐之际，有谟罕蓦德，生而神灵，尽臣服西域诸国，为天方国主，扫佛教而自立教，造经三十篇，敬天礼拜，持斋戒，葱岭以西皆尊曰天使。其后世世为掌教，统辖回民。元代虽以兵力平西域，以蒙古为其国汗，至明犹存，然掌教之尊，与汗相埒，未尝屈也。掌教回语谓之“和卓”，亦作“和卓木”，乃译音详略之异。回妃和卓氏，乃和卓之女，而遂命为妃姓，又以和札麦为妃父之名，和札麦即和卓木。清代于回妃之女家，不似蒙古之世通戚好，其姓及父之名，皆以译文所有对音约略用为标识。可知其亡国之后，于姓名皆不求甚解也。

当《清史稿》开馆修纂时，江苏人唐邦治，以馆长幕宾入馆，翻检旧国史馆记录，搜辑颇力，不与史稿纂修之事，而自成一书，名《清皇室四谱》。其《后妃谱》于高宗容妃云：

> **容妃，和卓氏，台吉和札麦女。初入宫赐号为贵人。乾隆二十七年五月，以克襄内职，册封容嫔。三十三年十月，晋容妃。五十三年戊申四月十九日，卒。**

其文较《清史稿》为详，书成于民国十一年十月，较《清史稿》之成于十六年八月者，早以五年，固非从《清史稿》出也。而其所根据，则今皆可复案矣。

《清文献通考》成于乾隆三十六年，其《帝系考》中，已详当时高宗之后及妃嫔。其文云："容妃和卓氏，台吉和札麦女。乾隆二十七年五月，封容嫔。三十三年六月，晋封容妃。"《通考》所叙容妃至晋封妃号而止，后不复及。凡妃死在三十六年以前者，《通考》俱载其谥，此不复及，其时妃固在也。和札麦，浙本《九通》作和札赍，"赍"字上半同麦，《通考》误也。至和札麦之爵名，则称台吉，其实和卓为清所戮，未有封爵，回族中他效顺之酋长多封台吉，遂姑以台吉系之，此与姓称和卓，名称和札麦，皆约略标之，以讳其被戮叛酋而已，晋封容妃之年月，《通考》言在三十三年六月，而唐邦治言在三十三年十月，考之《实录》，则两俱不误，备详于后。

今先叙和卓氏之缘起。"和卓"为派罕帕尔后裔家所专有之称。当乾隆平准部时，回疆始与中朝接触，乃闻有和卓之名。当时和卓为准部所羁徙，离其本辖之回疆，而拘置于准部。所拘者为和卓阿哈玛特，旋死于准部之阿巴噶斯地。斯时回疆即无和卓。至乾隆二十年第一次平伊犁，获准酋达瓦齐，释和卓子归，而回人称阿哈玛特为旧和卓，阿哈玛特二子归至回疆，则兄弟二人复为大、小和卓矣。

清国史馆《回部贝勒霍集斯传》：

> 乾隆二十年，大军征准噶尔，抵伊犁。达瓦齐窜库鲁克岭。霍集斯侦达瓦齐将赴喀什噶尔，伏兵绐迎，擒以献。阿卜都伯克（霍集斯之兄）来告，叶尔羌、喀什噶尔将偕色沁（准部官名，专司炮者。）希卜察克众袭库车、阿克苏、赛里木、多伦诸回城，请遣旧和卓子归。旧和卓曰阿哈玛特，为派罕帕尔裔，世居叶尔羌、喀什噶尔，辖回族，准噶尔诱执之，禁诸阿巴噶斯，赍恨死。子二，长布拉呢敦，次霍集占，仍羁阿巴噶斯。大军至，乃释之。将军班第遵旨，遣霍集斯偕布拉呢敦归，抚叶尔羌诸城。

叶尔羌为汉莎车国地，喀什噶尔为汉疏勒国地，本佛教流行之地，至回教兴而教宗变。明末乃有派罕帕尔之裔玛木特玉布素自阿剌伯来，回人奉之为和卓。准部诱执之旧和卓玛哈木特，乃玛木特玉布素之曾孙。旧和卓长子布拉呢敦先遣归，遂入叶尔羌，复为和卓。次子霍集占仍留准。准之平也，本非尽中朝之武力。康熙间，战胜准酋噶尔丹。噶尔丹虽走死，中朝仅能逐出其所占之外蒙，准本部之地，仍为噶尔丹从子策妄阿拉布坦所有，清军不能入也。至世宗大举图准，狃于青海之捷，以为可竟圣祖未竟之功。又用傅尔丹为靖边大将军，而使青海有功之岳钟琪为宁远大将军，分西北两道而出，盖军事必不肯专任汉人也。傅尔丹败绩，并迁怒岳钟琪被逮，颇戮偾事诸勋贵，而与准部议和。世宗之不用忿兵，知难而退，究为英爽有识。要之准不易平，非中朝所能力征经营明矣。乾隆初，循世宗成约颇与准部修好。既而准部内乱，达瓦齐以篡得国，其他酋阿睦尔撒纳先助达瓦齐行篡，复构成准乱而阴欲自取之，入觐于中朝，密陈达瓦齐可取状。中朝大喜，封阿睦尔撒纳为双亲王，使为军锋，清廷以禁旅继之，准夷涣散，兵不血刃而下。是时和卓长子归回疆，次子霍集占留伊犁，见阿睦尔撒纳声势甚盛，私欲倚以乞封于回部，以教宗而兼用朝命握其政，得自立国于回疆。既而禁旅撤回，阿睦尔撒纳遂叛，霍集占即从之。清兵复返，而阿酋遁，先入哈萨克，追之急，又遁俄罗斯。清称檄索之于俄，会阿酋亦以痘疾死，俄为移尸近边以报命，伊犁遂平。而霍集占已潜归叶尔羌，与其兄布拉呢敦共谋纠回众，据境自守。回众以其为和卓子，乃拥为和卓，兄弟遂并为和卓，而称大、小和卓矣。

妃之为和卓氏，自必出于和卓之家，但若为旧和卓之女，则与大、小和卓为兄妹，若为大、小和卓之女，则亦不能定其究为大和卓之女抑小和卓之女。惟大、小和卓在伊犁初定时，实为受中朝之惠，而得返故境。迨其叛也，已在二十一二年间，始渐明叛状，至二十四年秋，乃讨平之，两和卓授首。而和卓妃之入清，当在其先。盖两和卓由准得释时，以乞恩于中朝而进其女，非叛后以俘虏入朝也。妃以回部女子至中朝，为自古不通之域；高宗不以置之后宫，特营西苑中一楼，以为藏娇之所。后并于所居之地，筑回教礼拜堂，并使内附之回民族居其旁，屋舍皆用回风，以悦妃意，其承宠可想。然妃所居之宝月楼，则筑自二十三年之春。当时回疆军事方殷，张弧为寇，非脱弧婚媾之时，故知其来必在未叛以前。所谓以贵人入宫，盖承宠而后营舍以处之，以其言语不通，嗜欲不同，乃不与诸妃嫔聚居，特隔于南海最南之地，其地又临外朝之外垣，得以营回风之教堂及民舍，与妃居望衡对宇，不隔禁地。此皆特殊之安置，非寻常选纳之规矣。夫长安街回子营及回教礼拜堂，传说之由来久矣。不征诸高宗自述之言，不敢以委巷语为必可信也。今以高宗御制诗文为据，一一征之。

夫南海之南，临长安街而对回子营者，今之新华门，即昔之宝月楼也。犹忆民国元年三海甫议改总统府时，余尝入观其经营改筑之状。时大清门已改中华门。初议改时，方拟门名；袁世凯左右献议：大内东为东华门，西为西华门，今国为中华民国，而正朝之门适当东华、西华之间，天然一中华门也。语既巧合，遂定议。旧大清门额为青金石质，思落取而反面书中华门额，既下其额视之，反面乃大明门字，盖清初已仍明之旧额矣。时清室尚以优待条件居大内，以外朝先归民国。民国先易其正中之门名，旋议以西苑为总统府，府门与正朝门相并，必临长安街以辟宝月为府门，位置适合。余犹及徘徊宝月楼头，与众话香妃故事。故二十年《游旧京杂诗》，有一首云："亭倚迎薰风日柔，袅飞遥对海西头。新华未辟吾犹及，二十年前宝月楼。"正忆彼时事也。

高宗《宝月楼记》：

> 宝月楼者，介于瀛台南岸适中，北对迎薰亭。亭与台皆胜国遗址，岁时修葺增减，无大营造。顾液池南岸，逼近皇城，长以二百丈计，阔以四丈计，地既狭，前朝未置宫室。每临台南望，嫌其直长鲜屏蔽，则命奉宸，既景既相，约之椓椓。鸠工戊寅之春，落成是岁之秋。

戊寅为乾隆二十三年，是时和卓鸱张，回疆未入版图，言献俘则非其时。妃之来道路转般，入宫承宠，至筑屋以居，其中有二年以内之回旋，计时则可合。

又曰："楼之义无穷，而独名之曰宝月者，池与月适当其前，抑亦有肖乎广寒之庭也。"此则中有一奔月之嫦娥在，知有营为金屋之意。

又曰："夫人之为记者，或欣然于所得；而予之为记，常若自讼，是宜已而不已。予亦不知其何情也？"此又见高宗之用情，而兼露英主本色，自以为宜已，则对此叛回之女不宜尊宠，亦明知之；然不能已，则自问“亦不知其何情”，可知其牵于爱矣。然非一味欣于所得，而有自讼之言，是谓英察不忘大计。盖回叛在高宗知其军报，妃处深宫，正未必有所闻见，帝自问心而为此言，似有惭德焉者。若谓区区一小楼，以土木之费为歉，自愧于灵沼之经营，当不然也。其形诸文字如此，可想其中有所蕴矣。

自有此记文，可定宝月楼始创之年月。《御制集》中，咏宝月楼之诗，自二十四年始，时时成咏，可知其幸宝月楼之时甚多。庚辰夏《宝月楼诗》云:“轻舟遮莫岸边维，衣染荷香坐片时。叶屿花台云锦错，广寒乍拟是瑶池。”此诗亦以月中嫦娥寓意，与记文同。是年为乾隆二十五年，两和卓之授首，已在其先一年。盖二十三年之秋，定边右副将军兆惠，移伊犁得胜之师入回疆，被围于黑水，其先筹回之阿敏道为所执死。兆惠用平准之师南来，又为所困。于时已可见旗员之无用。以准部所鱼肉之弱回，部落分散，无厚集之力，又习于城郭国，无弓马慓悍之长，以中朝方盛之势，大将军既胜之威，而道中被围，至数月之久不能脱。以视光绪间湘军之平回，拮据于大乱之后，兵事饷事皆需主师一人筹之，难易何可并论，而左相出边，从无轻出失机之事，兆惠辈真儿戏耳！天方祐清，亦促成其十全武功之骄侈，为日中则昃之渐，卒以廿四年之春，黑水得援而围解。回众于未解围前，亦早已心力不齐，纷纷纳欵，所崛强者独两和卓耳。回众解体之后，仅挈妻孥徒众三百余人，走巴克达山国。巴克达山酋素勒沙坦奉将军檄擒献，犹以回部信奉经典，不能自擒族类转送与人对。既而两和卓怒巴克达山不恭，欲约邻部扰之。乃兴兵拒战于阿尔浑林之岭，擒其兄弟，函首军门以献。八月庚申，捷奏至京，宣示中外。故云在庚辰宝月楼御制诗之前一年也。高宗以和卓罪状谕回部各城，在二十三年正月，正宝月楼兴工之时。明年十一月，御制集复有《平定回部告成太学碑文》，中言：

> 大小二和卓木者，以回部望族，久为准噶尔所拘于阿巴噶斯鄂拓者也。我师既定伊犁，乃释其囚。以兵送大和卓木布拉呢敦归叶尔羌，俾统其旧属。而令小和卓木霍集占居于伊犁，抚其在伊犁众回。乃小和卓木助阿逆，攻勤王之台吉宰桑寺，阿逆赖以苟延。及我师再入，阿逆遂逃入哈萨克，而霍集占亦即收其余众窜归旧穴……

此亦述两和卓之始与中朝有涉，与《国史霍集斯传》略同。其于和卓之译文则作和卓木，妃以和卓为姓，以和札麦为其父之名，此其任意点缀之由来也。

和卓之领土既亡，和卓妃之册封乃始。其先，妃为贵人，至二十六年十二月，谕奉皇太后懿旨：贵人拜尔噶斯氏，霍卓氏，克勤内职，俱封为嫔。二十七年五月甲寅，册封慎嫔、容嫔。慎嫔即拜尔噶斯氏，而容嫔则霍卓氏即和卓氏也。事具《实录》。其封容嫔也，命兵部尚书阿里衮为正使，礼部侍郎五吉为副使。册封霍卓氏为容嫔，其册文曰：

> 朕惟《二南》起化，丕助鸿猷；九御分官，共襄内治。珩璜叶度，既仰赞夫坤元；纶綍宜恩，宜特申夫巽命。尔霍卓氏，秉心克慎，奉职维勤，壸范端庄，礼容愉婉。深严柘馆，曾参三缫之仪；肃穆兰宫，允称九嫔之列。兹仰承皇太后慈谕，册封尔为容嫔。法四星于碧落，象服攸加；贲五色于丹霄，龙章载锡。尚敬承夫恩渥，益克懋夫芳徽。钦哉。

世传妃为皇太后赐死，册用皇太后谕行之，此不足为不赐死之证。册文固不必合事实，但体制应如是耳。其不如委巷所传，自有确证在。后宝月楼历年有诗，虽难指为与妃有涉，但其留连宝月楼，与三海中他处不同，则已可见。至三十三年戊子新年，有《宝月楼诗》，则于楼对回营，明见《御制诗》注，是可纪也。诗云：

> 淑气渐和凝，高楼拾级登。北杓已东转，西宇向南凭。（自注：楼临长安街，街南俾移来西域回部居之。室宇即肖其制。）门户新粘帖，街衢早鬻灯。团圞三五近，眺赏又何曾？（自注：上元例在御园陈烟火，此楼从未赏节。）

此诗既征实回子营之对宝月楼事，末又言上元决不在此楼赏节。夫宝月楼为南海尽处一小楼，若只为补液池南畔空缺，则似此倚壁之补景处所，何足为赏节之地，且以历年从未赏节自夸，正见其地为绝可留恋之地，而偏于郑重之节日，不肯破例自亵体制。此见高宗之自诩英明，不为私爱所牵，有损观听，正以妃为所昵，而情欲之爱，无介于仪文。较之结绮临春，沉湎无度，实不可同年语矣。观册封时不止一人，又有一并册者，后晋妃封时且有并封二人，皆自表其未尝失态专宠。英主不受寻常蛊惑，以权驭爱，非爱所能溺，时时留意检束如此。然宫禁森严，向与人间隔绝，乃可以使之临街，可以令望衡对宇，作异域殊诡之状，以慰其怀土之情，此亦因宠而破例之至，殆亦自觉其已甚，而特于闲处自表其有节制也。

二十八年己丑新年，又有《宝月楼诗》。诗云：

> 冬冰俯北沼，春阁出南城。（自注：楼近倚皇城南墙。）宝月昔时记，（自注：向作《宝月楼记》黏壁。）韶年今日迎。屏文新茀禄，镜影大光明。鳞次居回部，（自注：墙外西长安街，内属回人衡宇相望，人称回子营。新建礼拜寺，正与楼对。）安西系远情。

据此诗言礼拜寺为新建，与衡宇相望之回子营创非同时，可知宝月之所以临街，正为可以见墙外衡宇。则始构回子营，必与宝月楼鸠工之时略同。长安街迫近禁御，本不许民居相近，何况诡异之回风。其为奉敕所造成，固无疑义。高宗有此自述之诗，固非故老流传，尚烦拟议之比矣。

三十三年《实录》：

> 六月辛酉，上诣畅春园，问皇太后安。谕奉皇太后懿旨：庆妃著晋封贵妃，容嫔著封为妃，贵人钮祜禄氏著封为嫔。钦此。所有应行典礼，各该衙门察例具奏。

此为《通考》书是年六月容妃晋封之所本。至是年十月己未，《实录》又书："以册封庆贵妃、容妃、顺嫔，遣官祭告太庙后殿、奉先殿。"庚申，册封庆贵妃、容妃、顺嫔，其于容妃则书："命大学士尹继善为正使，内阁学士迈拉逊为副使，持节册封容嫔霍卓氏为容妃。"此为唐邦治谱于十月所本，《东华录》亦只载十月册妃。册文曰：

> 朕惟袆褕著媺，克襄雅化于《二南》；纶綍宜恩，宜备崇班于九御。爰申茂典，式晋荣封。尔容嫔霍卓氏，端谨持躬，柔嘉表则。秉小心而有恪，久勤服事于慈闱；供内职以无违，夙协箴规于女史。兹奉皇太后慈谕，册封尔为容妃。尚其仰承锡命，勖令德以长绥；祇荷褒嘉，劭芳徽于益懋。钦哉。

世言高宗宠回妃，而妃有复仇之志，帝爱不能释，太后患之，召妃赐死。此委巷谈也。太后寿考，至乾隆四十二年乃崩，已八十六岁，后十一年容妃乃卒，此岂可以太后赐死诬之？且三十年侍帝承恩，又岂可以复仇之意望之？夫尊宠其来归之女，而灭其母家，是清室之家法。太祖之孝慈高皇后，亲诞太宗，无救于叶赫之湛族焚身也，犹曰事在后亡后也。摄政睿王之母，在太祖时实称继后，初纂之《太祖实录》可考，后来乃改称大妃。然太祖之灭兀喇，何尝为宫中有所瞻顾？后亦何尝顾及母家？古来以强陵弱，灭人之国，而纳其子女于后宫，大有为之君往往有之，于高宗何怪？于香妃何责？妃卒在乾隆五十三年，《会典事例丧礼门》妃丧仪中，有高宗容妃之丧，其卒之日为是年四月十九日，而云丧仪与四十二年舒妃丧礼同。由此上推之，《事例》所载舒妃丧礼，与三十八年豫妃丧礼同；豫妃丧礼，与雍正十二年宁妃丧礼同；宁妃丧礼，与康熙五十年良妃丧礼同；良妃丧礼，与三十五年平妃丧礼同；平妃丧礼，与九年慧妃丧礼同；慧妃之丧，《事例》具载其仪节，此即香妃丧礼之所用也。香妃以后，至嘉庆九年三月十八日，仁宗华妃薨，一应礼仪与乾隆五十三年容妃丧礼同。以后再用此礼者，即云与嘉庆九年华妃丧礼同。各妃递推而下，则清室妃丧之用此丧礼者，自乾隆五十三年至嘉庆九年，十六年中以容妃丧礼为一代之经制矣。兹录其丧仪原文，以见妃薨时高宗待遇之恩礼：

“康熙九年四月十二日，慧妃薨。圣祖仁皇帝辍朝三日。大内以下、宗室以上，三日内咸素服，不祭神。妃宫中女子内监，翦发截发辫，咸成服。二十七日除服，百日剃头。姻戚人等成服，二十七日而除，百日剃头。茶膳房人员男妇成服，皆于大祭日除服，百日剃头。

“又定：妃初薨日，亲王以下、奉恩将军以上，民公侯伯以下、二品官子以上，公主福晋以下、县君奉恩将军妻一品夫人以上，齐集。奉移日、祭日同。二周月内，日上食三次。百日内，日上食二次，均内府官及执事内管领下官员男妇齐集。

“又定：妃金棺奉移殡宫，行初祭礼，用金银锭七万，楮钱七万，画缎千端，楮帛九千，馔筵二十一席，羊十有九，酒十有九尊，设彩仗，众齐集行礼。次日绎祭，金银锭、楮钱各五千，馔筵五席，羊三，酒三尊，不设彩仗，执事内管领下官员男妇齐集。大祭与初祭同。次日绎祭，与前绎祭同。周月致祭，用金银锭、楮钱各一万，馔筵十有一席，羊五，酒五尊。二周月、三周月、百日致祭，及未葬期年致祭，羊酒楮帛之数，皆与初周月同。清明设挂楮钱宝花一座，中元及冬至岁暮，用金银锭二千、楮钱一千，皆馔筵五席，羊一、酒一尊，执事内管领下官员男妇齐集。

“二十年，妃金棺由殡处奉移妃园寝。豫期行奉移礼，用金银锭、楮钱各一万五千，馔筵十有三席，羊五、酒五尊，设彩仗，众齐集，沿途住宿，奠馔筵一。至陵日，不值班之大小官员咸于十里外跪迎举哀，候过随行，奉安园寝芦殿。次日行奉安礼，陈设祭物与奉移同。送往大臣官员，暨在陵之大小官员等，及其妻，咸齐集。将入园寝，先一日行奉移礼，与前奉安礼同。至吉期安葬。”

容妃丧礼既成经制，即园寝亦应求之《会典》。俗传南下洼有冢，不知何人题为香冢，因而又有认为香妃冢之说。过客徘徊，动涉遐想，物由心造，几乎若有人焉呼之欲出矣。考《会典事例》卷四三二，大祀门陵寝五，附妃园寝：乾隆五十三年，奉移容妃金棺于纯惠皇贵妃园寝安葬，设神位于舒妃之次。然则妃固从葬裕陵者也。其云于纯惠皇贵妃园寝安葬者，清礼制：祔葬天子山陵者，不别治园寝；不祔，则在帝后陵属地内别治妃园寝。帝后均在，未有陵，即无从有园寝。故若康熙九年慧妃之丧，即久不行葬礼，至二十年乃葬。其至二十年乃葬者，圣祖元后孝诚皇后崩于康熙十三年五月初三日，自是始营山陵。至二十年葬后，即妃园寝亦成，慧妃亦于是年安葬也。圣祖孝诚皇后之陵，在圣祖在时，以皇后陵名。圣祖崩后既奉安，乃称景陵。当称皇后陵之日，妃园寝即冠以孝诚皇后陵，称孝诚皇后陵之妃园寝。第一次从葬之妃园寝，至第二次从葬之妃，又以第一次从葬之妃冠其园寝。此高宗时之容妃安葬之园寝，所以谓之纯惠皇贵妃园寝也。高宗元后孝贤皇后，崩于乾隆十三年三月十一日，营皇后陵成，以十七年十月葬。高宗在时称皇后陵。高宗妃以纯惠皇贵妃为最前卒，卒于二十五年四月十九日，二十七年安葬。盖营妃园寝需时，故二年乃葬。其时称孝贤皇后陵之妃园寝。《会典事例》："二十七年，奉移纯惠皇贵妃金棺于孝贤纯皇后陵妃园寝安葬，奉安神位于飨殿。"嗣是二十九年之忻贵妃安葬，四十年之庆贵妃、豫妃安葬，皆称葬于纯惠皇贵妃园寝，容妃葬时同此例。至五十八年葬愉贵妃犹称葬纯惠皇贵妃园寝。至嘉庆四年高宗为太上皇崩，山陵礼成，名曰裕陵。嗣是无皇后陵之名，而妃园寝亦属于裕陵，称裕陵妃园寝。故嘉庆四年之葬高宗循贵妃即称奉移循贵妃金棺于裕陵妃园寝安葬。六年之颖太贵妃、芳太妃，十三年之婉太贵妃、惇太妃，皆称于裕陵妃园寝安葬。据此可辨容妃园寝安葬时称纯惠皇贵妃园寝之故。其实至裕陵告成之后，即并称裕陵妃园寝矣。从今日言之，当曰裕陵妃园寝之容妃园寝。

近日吴生丰培贻一容妃园寝神像，问其所从得，则云有太仓陆夫人藏此。夫人为陆文慎宝忠之子妇，徐相国郙之女。于民国二三年间至东陵，瞻仰各陵寝；至一处，守者谓即香妃冢，据标题则容妃园寝也。凡陵寝园寝飨殿皆有遗像，一大一小，小者遇有祭祀即张之，大者年仅张设一次。陆夫人以香妃之传说甚庞杂，亲至其园寝，始知流言之非实，请于守者，以摄影法摄容妃像以归。所摄乃其小者，大像封扃未得见也。夫人本属吴生加跋以订俗说，今取而佐吾考实之文，亦犹夫人之志尔。

陆夫人以游东陵而至容妃园寝，今更详容妃园寝属在东陵之故。考清代陵寝，太祖福陵，太宗昭陵，俱在奉天盛京。显祖以上陵，则在兴京，四祖陵统名永陵。世祖入关，始于京东遵化州营孝陵，圣祖亦就营景陵。至世宗自营京西易州之陵，后称泰陵。高宗自定陵地，仍在遵化，且命后世间一代分葬遵化、易州两地。在遵化之陵皆称东陵，在易州之陵皆称西陵。高宗裕陵则东陵也。容妃园寝属于裕陵，故陆夫人以游东陵得见之也。

容妃史言其姓和卓氏，回部台吉和札麦女。和卓为回部大酋，且无他回酋可用此名，必派罕帕尔后乃称之。故世言香妃为回王女，舍此和卓容妃无可当其人也。和卓之裔，乾隆间大小两和卓既诛，惟大和卓布拉呢敦有后再见于史。布拉呢敦子名萨木克，自巴克达山逃匿敖罕，生子三。其次子即张格尔，世仍以和卓之望，尊显于回教之国。道光初，张格尔号召回众，复突入中国回疆，礼拜其先和卓之墓，行回人所谓“玛杂”之礼。旗员不能御，回疆尽陷，杨遇春以川、楚军功宿将讨平之，俘张格尔至京师，磔于市。今雍和宫有人皮一具，云是张格尔皮，则雍和宫喇嘛之言也。至同治、光绪间，缠回名帕夏，复自敖罕入回疆，左文襄督师平之。据文襄言:“帕夏则伯克之转音。”伯克为回教中尊官，其为和卓之裔与否，不能详矣。

自容妃葬后，高宗尚有《宝月楼诗》。五十六年辛亥新年，《宝月楼诗》题加“自警”二字。其《宝月楼自警诗》云：

液池南岸嫌其远，构以层楼据路中。
卅载画图朝夕似，新正吟咏昔今同。
俯临万井诚繁庶，自顾八旬恐胜业。
归政之年亦近矣，或当如愿昊恩蒙。

此诗在乾隆五十六年，距容妃之丧已将及三年，诗中殊有悼亡意味。高宗文字不足以绮靡言情，且又须保持帝王尊严态度，只得如此。然感慨之意，溢于言表。云“卅载画图”，决非楼之图。楼为南海底倚墙尽处，何有于卅载之画图，而朝夕求其似否？盖知画图即楼中人之图也。香妃像举世流行于今日。当时有郎世宁画本戎妆一像，为游行从跸围猎行宫之貌，殆即诗之所指。卅载之图尚朝夕求其相似，可知珍惜之意。曰“新正吟咏昔今同”，同之中分今昔焉，即所谓物是人非者也。俯临万井，繁庶依然，而自顾八旬，知亦不久人世，惟归政在念，有退志焉。不肯过作衰飒语，论其境遇，则方自侈十全，无丝毫歉仄之意。惟于宝月楼作此语，故曰悼亡之作也。其前丁未有《宝月楼诗》，丁未为五十二年，即香妃未死之前一年。其诗口吻大异，一比较可得其情感。诗云：

楼盾枕黄城，长安街俯呈。
万年祝巩固，百室幸宁盈。
岂不还淳愿，兼思同豫情。
廑哉惟保泰，遑敢诩丰亨！

流俗说香妃之尤可怪笑者，武英殿旁有浴德殿，形制甚奇特，说者谓为土耳其式，并传为香妃赐浴处。余疑土耳其式之称，正缘香妃出于回族，回部未必有此建筑，遂加之以回教名国土耳其之称。土耳其之浴室是否如此，余未敢必，即使相似，土本突厥西迁，安知非携带东方古建筑风而去？吾友章唐容作《故宫游览指南》，考浴德殿已见于《日下旧闻考》，亦不能详其缘起。可见非乾隆朝所创，故入《旧闻》，又无缘起，则久已无考。又城外金鱼池地方，复有类此一建筑，亦谓之土耳其式浴堂，岂亦香妃之城南分浴堂耶？从古昏秽淫乱之君，任何不道，未闻以爱宠就浴于朝堂之侧，以为观美而示矜宠者，何况高宗自命英辟，凡所举措皆极自高贵，佛家所谓“我慢”则有之，谓其智出童昏之下，则未必然。余尝通览外朝宫殿位置，太和殿东文华殿，西武英殿，文华殿又东为大庖井，武英殿又西为浴德殿，翼然相对。乃为之释曰：古宫室必具庖湢，上自室堂，下至庖湢，皆具矣，则工事始毕。古堂室相连，前堂后室，即在一列之内。天子居明堂大室，及其左右各个，朝会寝兴，皆在一处。曲廊洞房，古本无之。茅茨而圣，雕峻而亡，垂为明训。庖湢不在屋后，而在舍旁，此古人浑朴之风。人家居室，今已不用古制，惟有帝王宫殿，犹存太古遗意，若告朔之有饩羊，不必有其事，不可去此形也。人家合用之庖湢，已无定所，帝王家不用之庖湢，犹遵成式。其制诡异，今所谓土耳其式，或实为太古所遗，而加以恢廓耳。汤之盘铭铭其中之一盘，不害其为土耳其式之下，决非谓木制之洗澡盆也。民国以来，三殿开放，任人游览，乃于浴德殿中供香妃像，使人联想其赐浴情状，尤为秽亵！此亦谈香妃故事者，其在意中之影象也。并以纠之。

附录二种

一　香妃戎妆像并原附事略

香妃者，回部王妃也。美姿色，生而体有异香，不假熏沐，国人号之曰香妃。或有称其美于中土者，清高宗闻之，西师之役，嘱将军兆惠一穷其异。回疆既平，兆惠果生得香妃，致之京师，帝命于西内建宝月楼（即今之新华门）居之。楼外建回营，毳幕韦鞲，具如西域式。又武英殿之西浴德堂，仿土耳其式建筑，相传亦为香妃沐浴之所。盖帝欲藉种种以取悦其意，而稍杀其思乡之念也。讵妃虽被殊眷，终不释然，尝出白刃袖中示人曰："国破家亡，死志久决，然决不肯效儿女子汶汶徒死，必得一当以报故主。"闻者大惊，但帝虽知其不可屈而卒不忍舍也。如是者数年，皇太后微有所闻，屡戒帝弗往，不听；会帝宿斋宫，急召妃入，赐缢死。上图即香妃戎妆画像，佩剑矗立，纠纠有英武之风，一望而知为节烈女子。原本现悬浴德堂，系郎世宁手笔。

此像之由来，不似近日故宫整理所得之正确，相传为得自热河行宫，早有影印片流行。或者所传非诬，则亦只可信其像，而《事略》则尽与官书纪载不符，无非委巷荒唐之语，说已见前。有此《事略》，即其像之可信成分，亦大减矣。故存之附录。

二　敕建回人礼拜寺碑记

为天下共主，俾阻遐逖听，壹禀我约束，而后戎索所届，风气莫敢以自私。尚已！顾在昔寄象鞮译之掌，必与之达志通欲，修其教，不易其宜。厥旨岂稍戾哉！□□□□□□□齐以致其大齐，而观化者益臻于无外。考前史，回纥自隋开皇时始入中国，至唐元和初，偕摩尼进贡，请置寺太原，额曰大云光明，实为礼拜寺所由昉。□□□之□或□□师或以通市于纳土服属我氓我隶之义，故无当焉。朕寅承天地宗社鸿庥，平准噶尔、遂定回部各城，其伯克霍集斯、霍什克等，并锡爵王公，赐居邸舍，而余众之不令回其故地者，咸居之长安门之西，俾服官执后□□□□□□□□□□□□营。夫齿繁则见庞，类辨则情涣，思所以统同合异，使瞻听无奇衺，初不在辟其教而揉娇之也。且准部四卫拉特内附，若普宁寺、若固尔札庙，既悉次第敕□□□□□□□□亦吾人也，若之何望有觖耶！爰命将作支内帑羡金，就所居适中之地，为建斯寺，穹门垲殿，翊庑周阿，具中程度。经始以乾隆癸未清和吉日，浃岁落成。回众□□□□□□而轮年入觐之众伯克等，无不欢欣瞻拜，诧西域所未曾覩，问有叨近日之荣

> 而兼擅土风之美如是举者乎，咸鞠跽虔抃曰然，复重谂之曰尔回之□□□□有□□□□今则朔奉朝正矣。向惟知有腾格，今则铸颁泉府矣。越及屯赋覲飨诸令典，其大者靡弗同我声教，而国家推以人治人之，则更为之因其教以和其众。□□万□备铜□之技，九宾缀缠头之班，此物此志云尔，其谁曰不宜？乃为之记，而系以铭：孰为天方，孰为天堂？花门秘刹，依我云阊。厥城默伽，厥宗墨克。派哈帕尔，传衣铁勒。经藏三千，咨之阿浑。西向北向，同皈一尊。珉墄楠梁，司工所作。会极归极，万邦是□。乾隆二十有九年，岁在甲申仲夏月之吉，御制并书。

此碑但侈回之皈伏，不言曾经征讨，但称锡爵赐邸之伯克霍集斯、霍什克等，不复涉大、小和卓布拉呢敦、霍集占兄弟之名，本以悦其所宠，自不当复触其所忌。西域距宫庭甚远，两和卓之叛而被讨，讨而被诛，或竟非香妃所及知，未可定也。《十全武功集》平定回部文中，亦不载此碑记。碑为汉、满、蒙、回四体文字。碑盖亦四体，其汉字为“御制”二字，汉字十三行，行六十六字，每行下载字多漫漶，而文义已可测识。所臆度和卓之灭亡，未必为妃所及知者，一则以宝月楼之筑，在回部方叛之初，妃由西域至京时，当为和卓未叛之日。二则高宗自言回语皆自操，不用通事，则宫中可无别畜回人，回营回寺，皆许其隔大道遥观，更无接近一人之机会矣。《十全集·癸巳上元灯词》有一首云：“万里驰来卓尔齐，恰逢嘉夜宴楼西。面询妆盛人安否，那更传言藉译鞮。”（自注：蒙古、回语皆习熟，弗藉通事译语也。）又其前十年癸未《上元灯词》有一首云：“翡翠火成苍颉字，琳琅花吐赤城霞。越裳重译还重译，笑语楼前总一家。”（自注：“叶尔羌回人译爱乌罕语，准噶尔人译回语，然回语准语皆习而能之，若以周时语论之，当为四译矣”云云。）盖言通译之例，爱呜罕即敖罕，在回部之西，其语应由回译，而回语则由准部人译，今皆已习而能之，可以笑语一家，而视古人所言重译之陋。盖由回疆边外属国译回，由回译准，由准译蒙，由蒙译汉，是为重译之重译，即所谓“四译”也。高宗多材艺，其敏慧可知，而回妃之祇候起居，通词甚易，亦想见其爱宠之移情也。

丁香花考实

进步党本部，自石桥别业迁新宅，其地址在太平街太平湖之间，俗称七爷府，谓前清醇贤亲王之所居也。醇邸行七，故曰七爷，此人人能言之。今考此宅之有名于世，不在为醇邸时，而在未为醇邸以前，盖醇贤亲王奕譞为宣宗子，当宣宗时，此宅为绘贝勒所居，绘贝勒名奕绘，与醇邸为兄弟行，而为高宗之曾孙。

高宗第五子荣纯亲王，瑜贵妃所生。子绵亿降袭郡王，是为荣恪郡王，恪王子即绘贝勒，盖自荣邸受封，至此三世。此亦当时一荣国府也。贝勒笃好风雅，著有《明善堂集》，自号太素道人，又号幻园居士，名奕绘。《太清集》有与子章联句诗，子章疑为太素之字，生于嘉庆四年己未。至嘉庆乙亥丙子间，恪王薨，贝勒袭爵，时年十七八。道光五年乙酉秋，授散秩大臣，时年二十七。明年丙戌，管理宗学。十年庚寅秋，管理御书处及武英殿修书处。是年冬，授正白旗汉军都统，时年三十二。至十五年乙未罢官，专意享闲散之福，时年三十七。又三年为道光十八年戊戌，年四十而卒。

贝勒生长富贵，酷嗜吟咏。所著《明善堂集》，内分诗词两种，诗曰《流水编》，词曰《南谷樵唱》。有侧室曰顾太清，名春，字子春，号曰太清，盖与太素为偶，世常称之曰太清春。太清工词翰，篇什为世所宝，世之爱重太清什伯于太素也。昔王幼遐侍御，毕生专力于词。论词至满洲人，常曰满洲词人男有成容若，女有太清春而已。太清常自举其族望曰西林，自署名曰太清西林春，其姓顾乃见之恽珠所选《国朝闰秀正始集》，集有顾子春小传。顾诗集名《子春集》，今传刻之本名《天游阁集》，盖与《正始集》所载不侔，意当时太清集尚未定今名也。抑太清尚有诗集名《东海渔歌》，或总名为《子春集》，而诗称《天游阁》，词称《东海渔歌》耳。

《东海渔歌》与《南谷樵唱》相配，亦即太清配太素之意，想见闺房唱和韵事。然南谷乃贝勒自营之佳城，别墅存焉，取名词集，乃实有其地。太清专就对偶求之，以东海对南谷，以渔歌对樵唱，意惟以示其唱随之雅与好合之致焉耳。太清后亦从葬南谷。冒鹤亭《太清遗事诗》有云:“太平湖畔太平街，南谷春深葬夜来。人是倾城姓倾国，丁香花发一低徊。”是诗首句言其生时之邸；第二句言其死后之葬地；三句上半言其貌，下半取再顾倾人国之意，关合其姓；四句乃掀轩然大波为人间一宗公案。此余之所以有此篇之作，冀为昔人白其含射，以留名士美人之真相者也。其详俟续续言之。

太清不但丰于才，貌尤极美。冒鹤亭校《天游阁集》，于太清《春游诗》后缀一节云:“太清游西山，马上弹铁琵琶，手白如玉，琵琶黑如墨，见者谓是一幅王嫱出塞图也。”风致可想。鹤亭序言:“少时闻外祖周季况先生星诒言太清遗事綦详。”此当是其得之周先生者。东坡《贺新郎》词:“乳燕飞华屋，悄无人，槐阴转午，晚凉新浴。手弄生绡白团扇，扇手一时似玉。渐困倚，孤眠清熟，帘外谁来推绣户？枉教人、梦断《瑶台曲》，又却是，风敲竹。”读此半阙已觉洒然移情。鹤亭述太清之貌，仅着此数语，几与坡词并美，一妙在扇手一色，一妙在琵琶与手之黑白俱极端也。

太平湖邸第，今适为进步党本部所在。具勒诗有“太平湖巷吾家住，车骑翩翩侍宴还”之句，自注云:“邸西为太平湖，邸东为太平街。”所指极确。余尝一至此宅，见政党作此豪侈气象，不忍再往，伙涉为王，此似伟人举动，奈何以政客效之？尝谓天下至可宝贵者，名士美人；至不可向迩者，议员政客。沧桑之劫，王侯第宅易新主者多矣。长安似弈，何必百年。读少陵《秋兴》之诗，可胜凭吊；顾太平湖一宅，独以昔日至可宝贵之遗址，居今日至不可向迩之人，尤为奇厄，因成二绝云："太平湖水明如镜，可有丁香尚着花。一自淮南轻拔宅，空令鸡犬住仙家。""百年风貌忆倾城，忍使微云滓太清。当日近前赪玉颊，牛羊邱垅若为情。"丁香花公案详后。太清与太素同庚，生嘉庆四年，距今百十五年。其入居太平湖邸以来，盖必在百年左右。"微云滓太清"用晋人语，示为太清辨诬之意。古诗："今日牛羊上邱垅，当时近前面发红。"黄土美人，古今同慨。

成容若为康熙权相明珠子，世称为即《红楼梦》中之贾宝玉者也。以太清词与之相配，皆足动人遐想。丁香花公案者，龚定庵先生，道光己亥出都，是年有《己亥杂诗》三百十五首，中一首云"空山徙倚倦游身，梦见城西阆苑春。一骑传笺朱邸晚，临风递与缟衣人。"自注："忆宣武门内太平湖之丁香花一首。"世传定公出都，以与太清有瓜李之嫌，为贝勒所仇，将不利焉，狼狈南下。又据是年《杂诗》，至冬再北上迎眷乃不敢入国门，一诗云："任邱马首有筝琶，偶落吟鞭便驻车。北望觚棱南望雁，七行狂草达京华。"自注："遣一仆入都迎眷属，自驻任邱县待之。"又一诗云："房山一角露崚嶒，十二连桥夜有冰。渐近城南天尺五，回灯不敢梦觚棱。"自注："儿子书来，乞稍稍北，乃进，次于雄县。又请，乃又进，次于固安县。"据此，其行若有甚不愿过阙下者。说者以此益附会其词，谓有仇家足惮。道光二十一年，定公掌教丹阳，以暴疾卒于丹阳县署，或者谓即仇家毒之。所谓丁香花公案，始末如此。定公集最隐约不可明者，为《无著词》一卷，又有《游仙》十五首等诗。说者以其为绮语，皆疑及太平湖。此事宜逐一辨之。

《无著词》选于壬午，刻于癸未，则作词必在壬午以前。《游仙》之作在辛巳，自注为考军机不得而作，当可信。要之作此者在道光初元，至十九年己亥出都，安有此等魔障互二十年不败，而至己亥则一朝翻覆者？定公集所有绮语，除踪迹本不在都门者不计，《无著词》、《游仙诗》，按其年月皆不当与太平湖有关。惟《丁香花》一诗，非惟明指为太平湖，且明指为朱邸，自是贝勒府之花。其曰缟衣人者，《诗》“缟衣綦巾，聊乐我员”，谓贫家之妇，与朱邸之嫔相对照而言，盖必太清曾以此花折赠定公之妇，花为异种，故忆之也。太清与当时朝士眷属多有往还，于杭州人尤密，尝为许滇生尚书母夫人之义女。集中称尚书为“滇生六兄”，有《许慎生司寇六兄见赠银鱼螃蟹以致谢》一首，时在己亥新年。定公亦杭人，内眷往来，事无足怪，一骑传笺，公然投赠，无可嫌疑。贝勒卒于戊戌七夕，见集中，时太清已四十岁，盖与太素齐年。当三十二岁时，太素正室妙华夫人先逝。冒鹤亭诗所谓“九年占尽专房宠，四十文君傥白头”者也。己亥为戊戌之明年，贝勒已殁，何谓为寻仇？太清亦已老而寡，定公年已四十八，俱非轻狂荡检之时。寻其岁月求之，真相如此。

太清集有《戏拟艳体》四首，观其编年之次，当是道光十年庚寅作，诗云：

亚字阑干曲径通，美人家在绿杨中。
秋千小院闲金索，芳草长堤老玉骢。
流水飞花随去住，断虹残日各西东。
武陵洞口云深处，踪迹难寻踏雪鸿。

十二珠帘控玉钩，晴丝花片总纤柔。
朱阑寂寂双飞燕，绿水沉沉数点鸥。
杨柳楼台经过处，碧桃门巷记曾游。

美人一去余芳草，断雨零云古渡头。

细草茖花各断肠，美人去后有余香。
巫峰挟雨原非梦，洛浦临波太近狂。
日暮藤萝空密密，天寒修竹自苍苍。
回环江水无穷碧，可许相随一泛航。

采采芙蓉洛浦姿，碧阑晴雪落花时。
一溪春水浮山影，尽日灵风飏柳丝。
玉笛闲吹翻旧谱，红牙低拍唱新词。
娉婷合是神仙侣，小谪人间归去迟。

观此可想其风致。定公风雅好事，太清词翰遍传诸公间。集中投赠题咏，如潘芝轩尚书、阮芸台相国，皆有斯文声气之雅；其余宗室王公，如定郡王之流，恒有篇什相投。定公与太清，据《丁香花》诗，眷属本有往还，诗词酬答，事所容有。太素逝后，长子载钧袭固山贝子，与太清极不相能，变乱太素存日所经营之手泽，不恤南谷坟茔，屡见太清集中。则造作蜚语，以诬太清，当时载钧辈所为。太清于戊戌七夕遭太素之变，旋于是年十月二十八日以姑命移居邸外。《卖金凤钗购宅》诗载集中，诗有“亡肉含冤谁代雪”之句，用《汉书·蒯通传》“里妇夜亡肉，姑以为盗，怒而逐之。”事具见《家难》之作。太素存日之情好，一变为家庭相怨之媒。当时想有以太清文采跌宕，与内言不出之旨相违，因有流言涉及定公辈者，故士大夫间口耳相传，至今以为谈柄。然定公《己亥出都杂诗》所忆尚在太平湖之丁香花，其时太清实已移居。诗自忆花，乃与其人无预，可以推见。太清出邸，居西城养马营，集中有一题云：“自先夫子薨逝后，意不为诗，冬窗检点遗稿，卷中诗多唱和，触目感怀，结习难忘，遂赋数字，非敢有所怨，聊记予生之不幸也。兼示钊、初两儿。”此诗中有“斗粟与尺布，有所不能行”二语，则《家难》作于载钧之嫌恶其弟可见。养马营宅即见此诗，自注：“地近平则门。”盖距太平湖数里矣。文人附会，何所不至。太清遗事，发自冒氏。冒氏附会之迹，更有一奇。太清集有《六月十五日山东苗道士寄来七寸许小猴一双每当饲果必分食之似有相爱意诗以纪之》一首，冒氏于诗后忽缀一语曰：“此亦长安俊物也。”骤见之不知为何意，意其赏此猴耳。既而按定公《己亥杂诗太平湖丁香花》之下一首为《忆北方狮子猫》，诗云：“缱绻依人慧有余，长安俊物最推渠。故侯门第歌钟歇，尚办晨餐二寸鱼。”“长安俊物”字出此，冒氏盖以与定公注射也。幸而太清自咏小猴，设亦有咏狮子猫诗，则将谓与定公所忆同一猫矣。太清负盛名，定庵才调尤为世人宗仰，得纽为一谈，自足风靡一世。冒氏校刻太清集，在清宣统元年己酉，嗣是而后乃有丁香花公案之传言，或者即冒氏据太平湖之地名，牵合龚集而造为此言。今乃藉藉人口，遂不知其所自起欤！抑冒氏自称得闻太清遗事于周先生，此游谈亦为周先生所口授。从前说，则造因直始自冒氏；从后说，则如余前段所述，当时自有一多口之由来，未可知也。

太清与太素伉俪之笃，两人集中互见之。太清《自题道装像》云：“双峰个髻道家装，回首云山去路长。莫道神仙颜可驻，麻姑两鬓已成霜。”此道光十四年甲午，太清三十六岁作也。味诗意，疑其颜鬓早衰。冒氏按曰：“像为道士黄云谷画。”太素有题词云：“全真装束古衣冠，结双鬟，耐可凌虚归去洞中天。游遍洞天三十六，九万里，阆风寒。荣华儿女眼前欢，暂时宽，无百年，不及芒鞋踏破万山颠。野鹤闲云无挂碍，生与死，不相干。”盖《临江仙》也。是年太清生一子，名载同，在太清为第三子，在太素诸子中为行九。载同以正月五日生，十二月二十二日以痘殇。太清《哭儿诗》云：“同儿未周岁，一旦舍我死。谁谓久能忘，老泪无时已。”此亦非妙年人吐属矣。太素亦有《哭子诗》八绝，中一首云：“文章愿同汝母好，头角不类诸儿痴。今年冬令大不利，祭友文又哭子诗。”自注：“王伯申先生殁于十一月二十四。”有祭文一篇见文集。又有诗中自注：“先是自三儿载钦痘殇后，儿女皆倩老潘种花。今春潘翁殁，其子于九月间强与种痘，不出，妄云其子无痘。至腊月初间病，伊又用灶底抽薪法，与克削和解药，盖恐见苗也。至月半病亟，始更俄罗斯秦医，名婆尔斐里者，治之以截风油，浴之以芳草，故又迁延七日乃死”云云。冒鹤亭《太清遗事诗》云：“一夜瑶台起朔风，凋残金锁泪珠红。秦生晚遇潘生死，肠断天家郑小同。”冒诗故楚楚有致，太素之无时不绳太清才美，诗词中恒可觇之。载同之生也，与太清同日，盖太清生日亦为正月初五。太素生日为正月十六，太清与太素同庚，以生日论，太清又长于太素十一日也。太清有《上元后一日恭祝夫子四十寿》诗，其前一首即《四十初度》诗，其先后之序固如此。太素之生，在其父荣恪郡王三十六岁时。太素于三十六岁生载同，此亦同之一义。太素《生同儿诗》云：“先考三十六，生余颇憾迟。我年三十六，同儿生亦奇。生日同伊母，生年同我期。祝儿同父母，名同字同之。”当时备见家庭之乐，琴瑟之好，岂意此子旋殇。数年太素亦化去，家难复作，妇姑勃溪，且迫使出邸别居，好景无常，可以慨矣。

太清之出邸，亦非流离失所也。太清生三子四女。长女孟文行二，早适超勇亲王车登巴咱尔。道光乙未，太清三十七岁时，即有《送二女孟文郡主往察哈尔避暑》诗，则其出阁必更在以前。集中《出邸》一诗，题云：“奉堂上命，携钊、初两儿，叔文、以文两女，移居邸外，无所栖迟，卖金凤钗，购得住宅一区，赋诗以记之。”载钊系太清长子，行五。载初系太清次子，行八。载同殇，行九。次女仲文，行四，适一等子博昌，出嫁亦在前。道光丙申，太清三十八岁时，有《上元前一日同夫子携载钊、载初两儿，叔文、以文两女游白云观过天宁寺看花作》一诗，仲文已不在内。出邸时所携子女，亦无仲文。至辛丑十二月十八日，《钊儿娶妇喜而有感》诗中“门阑多喜壻乘龙”句下，始载“二女孟文适超勇亲王车登巴咱尔，四女仲文适一等子博昌，六女叔文许字承恩公崇端”云云。叔文名载通。第四女以文名载道，行七。载通、载道之名，见集中《辛丑七夕》:“先夫子下世三周年矣，率六女载通、七女载道、八儿载初恭竭南谷，因五儿载钊有差，未克同来。”《晨起同通儿清风阁看初日有感》诗有“当年旧句难忘却”之句，自注:“丙申春，同先夫子清风阁晓望，有‘高阁延朝日，晨妆对远山’之句，可胜今昔之感。”载钊娶于栋鄂氏，少年风雅有父风，妇秀塘亦能诗。太清晚景，颇不落寞。道光二十一年辛丑，太清年四十三时，有《孝烈将军记并序》一首。序云：“今年闰月，钊儿有事往完县谒孝烈将军祠，见有元、明碑，欲拓之，苦无其器，遂向村叟讨得破毡帽，自拓成，携归。既喜且感。喜者，五儿所好颇类其父；感者，先夫子平生好古，更兼考据精详，未得见此”云云。又《万松涵月歌并序》一首，序云:“五儿载钊今年有事往完县，见粮店中有石缸盖，问其值，乃二百五十文，遂以茶叶五斤易之，主人靳某欢然相赠，载归献予。其石径过古尺二尺六寸，澹青色，上有墨色松影，排比者、偃盖者、垂枝者，横斜浓淡，远近分明，黛色参天，苍皮溜雨，沥沥如画，大有王叔明、曹云西笔法。锡名曰‘万松涵月’，镌于其上，即命工人斫木以为架，遂作此歌”云云。是儿颇不恶，计其年止十七耳，而好尚如是，娱亲之道如是，夫何间然。钊以辛丑三月二十四日，奉差往完县查勘地亩。是年为闰三月，至七月初九日始返，七月初九日又为钊生日，俱见集中。

又其出邸亦非告绝于姑。道光二十年庚子诗，《十月七日先夫子服阕因太夫人抱病未果亲往谨遣载钊恭诣南谷痛成六绝句》，中多亲老子幼之词，妇姑之间，恩意自在，不过因载钧与钊、初辈兄弟不相容，挟其祖母以为难，避居邸外，免勃溪耳。嫠居不废吟咏，南中士大夫阮、许诸家眷属，恒以诗词相赠答，亦颇与文宴。其间谓有人仇定公，至谋毒毙，定公自己亥出都，至壬寅殁于丹阳署，据言者谓皆以丁香花案为累，至接眷不敢入都，易箦不能正命，事迹殊枘凿。其不肯再入国门，定公清兴所至，原难以常理论，但观其出都时，并非狼狈。以己亥四月二十三日行，不携眷属兼从，雇两车，以一车自载，一车载文集百卷。石屏朱丹木为治装，始成行。当时与诸公别诗，多至十有八首，所别者数十百人，如《别己丑同年》则云："同年留京者五十一人，匆匆难遍别，八君及握手一别者也。"诗曰："五十一人皆好我，八公送别益情亲。他年卧听除书罢，冉冉修名独怆神。"其与诸公别也，一则《别镇国公容斋居士》，自注："居士睿亲王子，名裕恩，好读内典，遍识额纳特珂克、西藏、西洋、蒙古、回部及满、汉字，又校定《全藏》，凡经有新旧数译者，皆访得之，或校归一是，或两存之，或三存之，自经典入震旦以来，未曾有也。"诗曰："龙猛当年入海初，娑婆曾否有仓佉。只今旷劫重生后，尚识人间七体书。"又有《别共事诸宗室》诗曰："联步朝天笑语馨，佩声耳畔尚泠泠。遥知下界觇乾象，此夕银黄少客星。"似此则从容出都，与人无忤，安有如世之所传，避仇出走之情事。宗室尤多相契，可知蜚语之无因。惟汤海秋《诗后集》有《赠朱丹木》结句云："苦忆龚仪部，筵前赋白头。"自注："往时，丹木入都，值定庵舍人忤其长官，赋《归去来》，今舍人已下世矣"云云，则定公因忤长官而去，有明征也。其行又以尊人闇斋先生年逾七旬，从父文恭公适任礼部堂上官，例当引避，乃乞归养耳。

太素子女九人，太清所出者七，其余二人，集中亦俱可考，盖合子女而计行第，尚有长与三两儿当为正室妙华夫人所出。长载钧，即袭职者；三载钦，亦以痘殇，已见前。据冒氏校太清集附注："载钧袭贝子，后无子，其嗣子溥楣袭奉恩镇国公。"以宗系论，载钧嗣子当仍钊、初等之子，载钧别无同出之兄弟成丁而有子者，则太素世爵当仍为太清诸孙所袭也。太清集名《天游阁》，此阁系邸中一处，当是属太清燕息之所。集中有《丙申夏至同夫子登天游阁》诗，可证其在邸内，决非后来养马营赁宅中物。壬寅又有《谷雨日同社诸友集天游阁看海棠，庭中花为风吹损，只妙香室所藏二盆尚娇艳怡人，遂以为题，各赋七言四绝句》一题。时在太素殁后四年，宴集仍在邸中。合之前一年庚子诗所云“太素服阕之日，以太夫人病未亲诣南谷”，可知姑妇之间猜嫌旋释。其复归邸中，不知在何时？集中“庚子七月二十一日，南谷守兵报室顶为山水倾陷，当初设立护卫一员，办理山田事务，自载钧承袭后撤回，惟留兵丁五人而已。今伊所信用者，多负贩厨役等，赏赐无节，皆谄媚小人，不谙大事。虽有旧臣数人，略有规谏者，轻则罚棒，重则斥革，终日昏昏，惑于群小，故祭祀笾豆之事，置之不问。无奈钊、初两儿，皆在幼年，衣食尚不给，况于修葺乎？思量及此，五内焦灼，得不痛哉”云云。似此时尚未复归于邸，自后即无诋载钧之语。至十月间，有“侍太夫人病”之言，意姑病而家难亦纾乎？壬寅《元日试笔诗》注：“国朝定制，王公子弟十八岁行冠礼。钊儿生于乙酉，本年元日受二品顶戴。”盖载钊于上年十二月十八日已娶妇，至是冠而受章服，太清是年四十四岁也。历考集中，太清晚景大略如是。

冒氏弁言谓太清，或曰吴人，或曰顾八代之裔。顾八代系旗籍，太清是否其裔，则未可知也。所谓吴人，殆疑其为汉族，或以量珠所聘而充下陈者，此则不然。太清生长京师，道光十三年癸巳，有《次夫子清明日双桥新韵》诗，自注：“余二十五年前侍先大人曾游此寺。”双桥寺在畅春园宫门西，新寓为海淀寓园，盖幸园时诗臣趋朝之所，有力贵豪即其地置别业，或假寓挈眷而居。是年太清年三十五，二十五年前则为十岁，随父来游，非久居京师之人，安有挈幼女远游海淀者，倘亦趋朝者之一欤。又有《食鹿尾》诗云:“海上仙山鹿食苹,也随方贡入神京。晚餐共饱一条尾,即有乡心逐物生。”因海上之鹿而起乡心,其故乡必为吉黑濒海产鹿之区可知。夷考太清母家,父母盖早殁,有兄弟姐妹。集中《四十初度》诗:“百感申来不自由,思亲此日泪空流。雁行隔岁无消息,诗卷经年富唱酬。过眼韶华成逝水,惊心人事等浮沤。那堪更忆儿时候,陈迹东风有梦不?”是为父母殁而有兄弟姐妹也。兄字少峰,或称仲兄,未知即一人否?乙未有《中秋寄仲兄》诗云:“茫茫四海少朋俦,应似东坡念子由。”《苦寒见寄韵》,中有“旅食恐不周,多病凋丰颜。一月两寄书,一书五六篇。告我客中事,略有好因缘。县令与之游,我闻心喜欢。吾兄本书生,所余惟青毡”等语,则业儒而作州县幕宾者。妹名霞仙,戊戌有《往香山访家霞仙妹》诗,香山为西山之一支,《宸垣识略》有香山买卖街,为静宜园守备署所在,则其妹亦家京师者,集中往往有往来香山踪迹。庚子有《四月十四日,同家少峰兄霞仙妹携钊初两儿游八宝山,以夏犹清和为韵,成此五律》一题,又次仲兄韵之诗颇多,携诸女伴游宴之诗,亦往往有霞仙在内。辛丑有《题楚江姊丈奕湘画墨牡丹》诗,冒氏校注谓楚江为果毅亲王之后,袭奉恩镇国公,谥曰恪慎。此必有所据,其称曰姊,自是太清之姊。太素之姊妹,集中称姑,有《挽大姑富察郡君》诗可证。弟名知微,辛丑有《三月光阴,五更风雨,多病怀人,殊觉无聊,恰值知微弟过访,细论篆法,可谓良有宜也》一诗,中有“幻园弟子真无愧”句,自注:“知微篆法受之太素道人”,则弟亦娴文艺,且于太素有传习之雅。此太清母家人物之可考者。

太清名盛,当时文士多有得一赠答为幸者。陈云伯以风流自命,多与闺阁唱酬,酷摹随园刻女弟子诗故事。太清集庚子诗有一题云:“钱塘陈叟字云伯,以仙人自居,著有《碧城仙馆词钞》,中多绮语,更有碧城女弟子十余人,代为吹嘘。去秋曾托云林以莲花笺一卷、墨二锭见赠,予因鄙其为人,避而不受。今见彼寄云林信中，有西林太清题其《春明新咏》一律，并自和原韵一律，此事殊属荒唐，尤觉可笑。不知彼太清与此太清是一是二，遂用其韵以记其事。”云林为德清许周生先生之长女，与太清极密。云林表姊汪允庄为陈云伯子妇。汪有《自然好学斋诗钞》，中有“太清曾托许云林索题听雪小像，效花蕊宫词体，题八绝句报之”，则太清于陈、许诸家俱有闺中文字之契，独以云伯假名代作以侈声气，乃痛诋之。殆其《春明新咏》体非《大雅》耶，抑云伯与定公为同里，于当时蜚语有所关合耶？要之，太清虽嗜文艺，然不堕时流绮障，此可见也。

太清集仅有《天游阁诗集》行世，其《东海渔歌》，半塘王氏所常不得《渔》、《樵》二歌为恨事者，即朱希真《樵歌》及此也。半塘后卒得《樵歌》付梓，而《渔歌》杳然。冒氏集首弁言则曰：“今年春黄陂陈士可参事毅得此册于厂肆，凡诗五卷，阙第四卷，词四卷，阙第二卷，中多割裂，盖当时未经写定之本，略为排比，间加考证，以诒好事”云云。又集中《柳枝词》十二首后，冒氏云：“此十二首，太清有朱笔自题其上曰：‘此移入《东海渔歌集》’，则为太清手定之本矣。”据此，则冒从陈士可所获之本付校。陈所获本自有词四卷，但阙一卷，即《东海渔歌》亦见于世，何以册尾仅载况夔笙《兰云菱寝楼笔记》一则，转录其词四首。况氏笔记仍已未得《渔歌》为恨，并言：“《游天阁诗》写本，已丑春余得于厂肆地摊。《东海渔歌》求之十年不可得，仅从沈善宝《闺秀词话》中，得见五阙，录其四”云。冒既得太清词，何以仍用况氏笔记所录四词示《渔歌》之一斑？然则前弁言谓何？何以不并付刊？即有去取，亦应自出手眼，何以仍况氏未见《渔歌》口吻？且况氏与半塘所恨，而陈与冒得见之，即不付刊，亦当有一番欣幸，何竟前后截然不同？若《天游阁集》写本，则况氏已得之，未知与此同否，中阙第四卷否；抑此本实即况本，故并无《渔歌》，所谓陈士可所得，乃讏言耶，皆可疑也。

按：冒君于报章见此稿，即来访，云"《天游阁集》后所引况氏笔记，实系旧笔。既得《东海渔歌》后，付梓时忘未删除。又《渔歌》所阙第二卷，近又得之，补印入集，版存西泠印社。"云云。至太清事迹，冒君谓无以难我，然终信其旧闻为不误，并非由己始倡此言。《丁香花》诗以"缟衣人"三字，指为定公眷属，冒君谓用诗语为解，会意甚正当，故无可非难。至"长安俊物"一语，当时本关合定公诗，语甚含蓄，经仆揭出，遂尔透露，言次若有微愠也。定公与太清事，今京师士大夫多争言其确者，如罗瘿公之流是矣。存此与世人永久质之。一时喜新好异之谈，固未能以此折其雅兴耳。

《清史稿皇子世表五》：

> 永琪，高宗第五子，乾隆三十年封荣亲王，三十一年薨，谥曰纯。绵亿，永琪第五子，乾隆四十九年封贝勒，嘉庆四年晋荣郡王，二十年薨，谥曰恪。奕绘，绵亿第一子，嘉庆二十年袭贝勒，道光十八年卒。载钧，奕绘第一子，道光十八年袭贝子，咸丰七年卒。溥楣，载钊第一子，载钧嗣子，咸丰七年袭镇国公，同治五年，缘事革退。

据此，则载钧无子，承袭时乃以载钊子为嗣。咸丰七年以后，荣王之后，已为太清所出之子承大宗矣。太清是年若在，亦不过五十九岁。集中不见壬寅以后所作，殆殁于壬寅前，不及见也。

《表》又云：

> 载钊，奕绘第二子，道光二十四年封一等辅国将军，光绪七年卒，追封镇国公。溥芸，载钊第三子，同治五年袭镇国公，光绪二十八年卒。毓敏，溥芸第二子，光绪二十八年袭镇国公，宣统三年卒。

据此，则载钊第一子既承大宗袭爵，缘事革退之后，又以载钊第三子承袭。再传至毓敏，袭十年，卒时恰当改革，亦可谓与国同休。荣府传人，皆载钊所出之后也。载钊卒时年五十七。

《表》又云:“溥菖，载钊第九子，光绪七年袭奉国将军。”此为袭载钊本支之爵，袭后无文字可纪，当是国变乃已。

《表》又云:“载初，奕绘第四子，咸丰七年封辅国将军，同治元年缘事革退。” 是载初亦有爵，受自载钧殁之年，旋失爵。《表》于无爵者不载。要之，荣府后尽具于是，即太素之裔，惟钊初有后，皆太清所出。乙亥三月补记。

明清纪元简表

皇　帝	年　号 （在位年限）	元年干支 （公元纪年）
太祖（朱元璋）	洪武（31）	戊申（1368）
惠帝（朱允炆）	建文（4）*	己卯（1399）
成祖（朱棣）	永乐（22）	癸未（1403）
仁宗（朱高炽）	洪熙（1）	乙巳（1425）
宣宗（朱瞻基）	宣德（10）	丙午（1426）
英宗（朱祁镇）	正统（14）	丙辰（1436）
代宗（朱祁钰）	景泰（8）	庚午（1450）
英宗（朱祁镇）	天顺（8）	丁丑一（1457）
宪宗（朱见深）	成化（23）	乙酉（1465）
孝宗（朱祐樘）	弘治（18）	戊申（1488）
武宗（朱厚照）	正德（16）	丙寅（1506）
世宗（朱厚熜）	嘉靖（45）	壬午（1522）
穆宗（朱载垕）	隆庆（6）	丁卯（1567）
神宗（朱翊钧）	万历（48）	癸酉（1573）
光宗（朱常洛）	泰昌（1）	庚申八（1620）
熹宗（朱由校）	天启（7）	辛酉（1621）
思宗（朱由检）	崇祯（17）	戊辰（1628）
* 建文四年，成祖废除建文年号，改为洪武三十五年。		
太祖（爱新觉罗·努尔哈赤）	天命（11）	丙辰（1616）
太宗（爱新觉罗·皇太极）	天聪（10） 崇德（8）	丁卯（1627） 丙子四（1636）
世祖（爱新觉罗·福临）	顺治（18）	甲申（1644）
圣祖（爱新觉罗·玄烨）	康熙（61）	壬寅（1662）
世宗（爱新觉罗·胤禛）	雍正（13）	癸卯（1723）
高宗（爱新觉罗·弘历）	乾隆（60）	丙辰（1736）
仁宗（爱新觉罗·颙琰）	嘉庆（25）	丙辰（1796）
宣宗（爱新觉罗·旻宁）	道光（30）	辛巳（1821）
文宗（爱新觉罗·奕詝）	咸丰（11）	辛亥（1851）
穆宗（爱新觉罗·载淳）	同治（13）	壬戌（1862）
德宗（爱新觉罗·载湉）	光绪（34）	乙亥（1875）
爱新觉罗·溥仪	宣统（3）	己酉（1909）
1616年，努尔哈赤建立后金；1636年，改国号为清；1644年，清入关。		

◆ 制表参考《现代汉语词典》（第5版，商务印书馆，2010年）。

◆ 年中改元时，在干支后用数字注出改元的月份。

编后说明

《明清史学术文库》旨在整合出版上世纪以来，明清史学研究领域中学术影响深远的专题论著（暂未包括专有出版权与其他出版机构有合同约束的论著）。

由于所选书稿在此前分别由不同的出版社出版，因此在编辑制作过程中，我们尤其注重构建本丛书的体例。特作说明如下。

一　内容

为保持与相关领域学术发展同步，本丛书出版前，各册书稿内容均请作者、作者家属或相关学者在原著基础上作了厘正。

二　结构

丛书各册内容按照章、节等体例安排层级关系，图表按章排序。

三　文字

文献名、引文、年号、姓名等文字中，如遇异体字或无对应的现行简化字，则保留原字。

四　注释

1. 相同文献的相同版本信息，只在第一次出现时予以标注（该文献如在书中出现其他版本信息，则逐一标注；如来稿每则注释皆信息完整，且体例统一，则不予改动；如信息查询未果，则维持缺项）。

2. “二十四史”等常见古籍，如无特殊需要，皆不注明版本信息。

3. 古籍卷数用“卷”与汉字表示，如卷一九、卷一三五等。

五　年代换算

明清两朝的干支纪年不逐一换算成公元纪年，对于原著未附纪元表的专著，附以《明清纪元简表》，以便参考。

六　寄语

本丛书各册作者皆为相关领域学术大家，故每册卷首均设作者寄语。寄语或为约请作者提供，或从其专著中援引。

宫廷历史编辑室

二〇一二年七月

图书在版编目（CIP）数据

清代史实六考 / 孟森著. — 北京：故宫出版社，
2012.12
（明清史学术文库）
ISBN 978-7-5134-0341-2

Ⅰ. ①清… Ⅱ. ①孟… Ⅲ. ①中国历史-研究-清代
Ⅳ. ①K249.07

中国版本图书馆 CIP 数据核字（2012）第 249046 号

清代史实六考

著　　者：孟　森
责任编辑：陈连营　艾珊歌
封扉设计：李　猛
出版发行：故宫出版社
地址：北京市东城区景山前街 4 号　邮编：100009
电话：010-85007808　010-85007816　传真：010-65129479
网址：www.culturefc.cn　邮箱：ggcb@culturefc.cn
制　　版：保定市万方数据处理有限公司
印　　刷：保定市中画美凯印刷有限公司
开　　本：787 毫米 × 1092 毫米　1/16
印　　张：10.5
字　　数：137 千字
版　　次：2012 年 12 月第 1 版
2012 年 12 月第 1 次印刷
印　　数：1~3000 册
书　　号：ISBN 978-7-5134-0341-2
定　　价：26.00 元